改革开放以来
中国乡村治理的模式与启示

The Mode and Enlightenment of Rural Governance
in China since the Reform and Opening Up

◎刘　刚　著

中南大學出版社
www.csupress.com.cn

·长沙·

图书在版编目 (CIP) 数据

改革开放以来中国乡村治理的模式与启示 / 刘刚著
. —— 长沙 : 中南大学出版社 , 2024.1
ISBN 978-7-5487-5370-4

Ⅰ . ①改… Ⅱ . ①刘… Ⅲ . ①乡村—社会管理—研究
—中国 Ⅳ . ① D638

中国国家版本馆 CIP 数据核字 (2023) 第086948号

改革开放以来中国乡村治理的模式与启示

刘刚　著

□责任编辑　沈常阳
□责任印制　李月腾
□出版发行　中南大学出版社
社址：长沙市麓山南路　　邮编：410083
发行科电话：0731-88876770　　传真：0731-88710482
□印　　装　湖南省众鑫印务有限公司

□开　　本　710 mm×1000 mm 1/16　□印张 14　□字数 210千字
□版　　次　2024年1月第1版　□印次 2024年1月第1次印刷
□书　　号　ISBN 978-7-5487-5370-4
□定　　价　88.00元

刘　刚　湖南益阳人，现任湖南城市学院管理学院副教授，中南大学哲学博士，主要研究方向为新型城镇化、城市伦理与战略管理等，曾先后在《中州学刊》《齐鲁学刊》等CSSCI期刊上发表论文8篇，主持省部级课题5项。

前　言

乡村治理改革是中国改革开放进程中不可或缺的重要环节，是实现乡村振兴的重要前提。改革开放四十多年以来，中国共产党带领亿万农民群众真正实现当家作主愿望，在乡村改革的关键领域披荆斩棘，取得了举世瞩目的成就。中国改革开放始于乡村改革，而乡村治理改革作为乡村治理现代化的重要组成部分，是中国特色社会主义民主进程的现实缩影。中国乡村治理改革发展，让农村基层群众真正做到了“基层治、天下安”。四十多年西方之乱象与中国之治理形成鲜明对比，四十多年乡村治理的成就，是在乡村环境日益复杂化、社会阶层不断分化的环境中所取得的，成就来之不易，经验与启示值得珍惜。为此，以改革开放为起始基点，立足乡村治理的整体变迁，揭示乡村治理衍化的主要特点和基本规律，总结中国特色乡村治理的重要经验，对于新时代乡村治理的创新快速健康发展和乡村振兴背景下的美丽乡村建设都具有十分重要的现实意义与实践价值。

所有的理论图景与研究范式总是倾向于一种问答逻辑：现实提出问题，理论作出应答。这种“问题意识”让我们更好地了解世界、解释世界。在乡村振兴的现实语境下，现代性、多元化、主体性为研究乡村治理不可割裂的主流话语。在乡村治理进程中，我们从乡村法治、乡村自治、乡村德治、乡村生态治理等领域对四十余年来乡村治理状况进行反思，而所有的反思的结果都在追寻：新时代乡村农民该如何更好地生存或生活？

通过对乡村治理进行历史性的梳理，我们发现乡村法治的困境在于乡村的法治建设相对薄弱、法治路径推进的策略失准、乡村法治建设的动力不足、法治建设形式化特征明显；乡村自治的困境在于乡村自治主体的民主协商基因容易被忽视、乡村自治主体的民主自治空间容易被挤压、乡村自治重心的下移导致民主自治的偏狭；乡村德治的困境在于传统德治思想所存在的断裂格局、现代转型所造就的德治断裂加剧、新时代乡村德治面临新的情况；乡村生态治理的困境在于乡村生态治理意识淡薄、乡村生态治理主体失位、乡村产业存在多源污染、乡村发展方式较为粗放。

习近平同志提出，走中国特色社会主义乡村振兴道路，必须创新乡村治理体系，走乡村善治之路。乡村振兴视域下新时代乡村治理是一个动态而复杂的系统工程，乡村自治、法治、德治、生态治理在新时代背景下通过国家顶层设计与地方乡镇针对性的制度设计可以单独达到善治，但在实现的过程中可能会存在某种效率上的损耗，譬如，以自治路径达到的乡村善治，成本较低，稳定性较高；以法治路径达到的乡村善治可能成本比较高，但相对而言稳定性比较好；以德治路径达到的乡村善治可能成本比较低，但稳定性比较低；以生态治理路径达到的乡村善治可能成本比较高，但由于实现了人与自然的和谐发展，因而稳定性比较好，而灵活性较差。可见，单一路径达到的乡村善治要么成本偏高，要么稳定性难以接受，要么灵活性相对较差。因此，单一模式下的乡村善治往往不是新时代乡村治理的最优决策。我们需要乡村自治、法治、德治、生态治理的协同与耦合，或者说是需要用多维路径相组合的方式以实现乡村善治。

可以说，善治是新时代乡村治理的至上追求，在这一进程中需要强调公共治理的秩序性、多元主体的参与性、乡村治理的低成本性与治理效果的高度稳定性。善治体现了公共治理的极好状况，意味着公共利益的最大化实现。在以往的管理经验中，乡村管理者尝试了各种治理模式，以期实现社会治理的效益最大化，但是由于每种治理模式都难以达到乡村经济社会发展的良好状况，它们或者缺乏稳定性，或者成本太高，或者设计不太灵活，因此，对于善治的实现，我们不应该囿于一种单一模式。由此可见，善治是一种至上追求，它不是一种模式的唯一框定，而是不同治理模式的多维度协同与融合。善治是一种可持续且不断改进的过程，而这一过程同时也是寻求帕累托最优状态的进程。为此本书聚焦四十多年来乡村自治、乡村法治、乡村德治、乡村生态治理等领域的历史发展，通过对诸领域乡村治理形态及其成因的揭示归纳出诸领域乡村治理的模式与启示，试图建构出我国乡村治理走向善治的理论图景：多维治理模式的协同共进。即以德治为引领，充分发挥乡村传统文化的作用；以法治为基础，推动乡村治理程序正义的实现；以自治为导向，有效推动乡村治理民主化进程；以生态治理为保障，促进美丽乡村建设的实现。本书依此探寻新时代乡村治理的中国话语、中国方案、中国路径和中国智慧。

目　录

第一章 导　　论

恩格斯说过："历史从哪里开始，思想进程也应当从哪里开始，而思想进程的进一步发展不过是历史过程在抽象的、理论上前后一贯的形式上的反映；这种反映是经过修正的，然而是按照现实的历史过程本身的规律修正的，这时，每一个要素可以在它完全成熟而具有典范形式的发展点上加以考察。"① 我国的改革开放已经进行了四十多年，乡村治理作为国家治理和基层治理的重要组成部分，也在实践中不断探索、发展，回顾乡村治理的历史演进将有利于国家治理现代化的深层次推进。

第一节　改革开放以来乡村治理的总体变迁

改革开放以来的四十多年是乡村环境、村民生活、治理结构产生巨大变化的重要发展阶段，是乡村经济快速增长、社会长期稳定、环境日趋美化的历史时期。从历史发展进程来看，乡村治理在改革开放的潮流中着眼推进民主进程，在治理实践中不断地发现新情况、研究新问题、总结新经验。

一、乡村治理自发自为时期

改革开放起始期对应的是乡村治理自发自为阶段。党的十一届三中全会后，中国乡村治理样态的演进从本质上说是随着乡村经济体制的变更而演化的。就乡村经济改革的动力而言，农民自身的利益诉求是其根本溯源。农民对

① 马克思恩格斯选集 [M]. 北京：人民出版社，1995：43.

于经济体制的改良虽然还没有达到“自下而上”的自发自觉，但是在一定程度上农民对于生计的理性确实影响了乡村经济体制改革的进程。在具体化的乡村治理中国情境下，需要建构中国特色的乡村治理话语体系，以往的经验不能再复制与推广，这时，“自发自为”成为这一阶段乡村治理的典型特征。

（一）农民的经济理性促进乡村经济体制改革

我们知道开放首先发端于经济层面。在改革开放前，人民公社这种具有典型计划经济模式的体制将农民框定在“一大二公、政经合一”的体制内。政治与经济在很多时候没有明显的分界，国家高度集中的计划经济体制，使得乡村居民的生活深受人民公社的影响。人们在体制内是经济人，更是政治人。1958年以后，人民公社让农民看到了集体主义制度的优越性，并在很大程度上解决了农民的生产难题，一方面，比较好地将农村分散资源有力地集中起来，这无疑提高了整个农业的生产效率；另一方面，这一经济模式顾及了生产者的切身感受，有利于效率与公平的合理实现。但是从根本上来说，人民公社体制毕竟是历史的产物，随着时代的演进始终面临着落后于生产力发展的现实困境。随着对人民公社的盲目推崇与极度夸大，“兼顾效率与公平”被不理性地误读为“平均主义”，乡村日常生活中“吃大锅饭”便成为现实生活的流毒，极大地打击了农民参与农业生产的意愿，这也使解决生存问题成为农民不得不思考的迫切而现实的问题。

（二）乡村经济体制改革孕育乡村治理改革

乡村经济体制改革不是一蹴而就的，而是随着乡村环境的发展而逐层深入的。就改革本身而言，敢为天下先是需要极大的勇气的。1978年，安徽省小岗村的18位农民能够突破以往的制度惯性，并逐步探索分田到户、包干到户的个体化经营方式确实意义重大。因为他们在很大程度上认识到人不仅仅是道德人，同时也是经济人。农民生产积极性需要某种激励性的分配方式加以调动，家庭联产承包责任制便是一种很好的尝试。显而易见，小岗村的创举实实在在地拉动了农民劳作的积极性。在这种新模式下，农民“面朝黄土背朝天”的辛勤工作能够换来较好的收成。这极大地推动了我国乡村经济体制改革，为改革开放奠定了良好的乡村土壤环境。农村分田到户、包干到户后，不仅能够满足农民基本的生存需要，还能最大程度地激发劳动人民的积极性。历史也无数次表明，小岗村的探索确实深入人心，农民得到了实惠，国家也开始认可与支持，并以此为典型在全国各地辐射开来。随着对家庭联产承包责任制的普遍接受，以人民公社为基础的计划经济模式显然由于政治性因素过强而不利于当时的经济发展。人民公社体制在一定程度上制约了农民的生产经营活动，此时政治与经济相脱离便成为一种历史趋势。值得注意的是，人民公社确实在一定程度上适应了当时时代的需求，乡村公共秩序的稳定、公共事务的执行都得益于人民公社的集中管控。那么，人民公社一旦解体，如何弥补家庭联产承包责任制改革后的乡村治理真空，以维持乡村公共秩序，这成为一个重要的乡村治理课题。

（三）乡村治理改革的自发实践

正是基于小岗村的成功实践，广西宜州合寨村基于农民的生存与发展需求，为更大程度地调动农民劳作的积极性以解决群众温饱问题，他们自发将土地分包到户，得到了农民群众的普遍拥护，也收到了较好的实际效益。为了让这一新的农村经营模式得以稳定执行，1980 年 1 月，合寨村在全屯户主会议上选举产生了村民委员会主任，并制定了符合实际的村规民约，用来规范乡村生产生活秩序。这样的好处在于让乡村治理匹配了乡村经济体制改革，从政治意义上真正实现了村民的自我管理、自我服务、自我约束，为乡村民主自治进程打开了新的局面。值得一提的是，全国各地的乡村治理也随之发生新的变化，怎样在经济体制改革后弥补乡村治理真空，成为一个普遍性的乡村治理问题。国家力量开始从乡村社会逐渐退出，但与此同时，新经济模式下的基层自治模式尚未出现。从整体来看，这一阶段的乡村治理实践更偏向于一种自发的“摸着石头过河”。

二、乡村治理制度化建设时期

乡村治理制度化建设时期是指20世纪80年代初至80年代末。乡村治理要走向合法化、体系化，制度化建设是一个必然的历史进程。从本质上说，制度是落后于社会实际的，但制度的作用在于它能有效防止风险的发生，以促进乡村治理的稳定性。为此，国家层面的乡村治理制度化成为一种社会性需求，这对避免乡村治理的碎片化、提高治理效率起到了重要的作用。

（一）法制化是乡村治理制度化的最高形态

乡村治理的制度化需要一种强大的国家力量去彰显，而其中最重要的途径是将乡村治理制度纳入国家法律体系之中。1982年修订的《中华人民共和国宪法》规定：农村集体经济组织实行家庭承包经营为基础、统分结合的双层经营体制；集体经济组织实行民主管理，依照法律规定选举和罢免管理人员，决定经营管理的重大问题。这说明国家从制度层面上认定了家庭承包经营的法律地位。同时，对农村生产经营体制改革后的乡村治理问题，在此次宪法修订中也进行了初步规定，明确在城市和农村按居民居住地区设立的居民委员会或者村民委员会是基层群众性自治组织。居民委员会、村民委员会的主任、副主任和委员由居民、村民选举。居民委员会、村民委员会同基层政权的相互关系由法律规定。居民委员会、村民委员会内部可设人民调解、治安保卫、公共卫生等委员会，办理本居住地区的公共事务和公益事业，调解民间纠纷，协助维护社会治安，并且向人民政府反映群众的意见、要求和提出建议。[①] 从此次宪法的相关修订中我们可以看到，由于宪法是最高层次的法律，所以更多的是宏观性、指导性地给予乡村治理制度化相关规范，具体的实施细则需要乡村因地因时制宜，这既保证了法律的权威性，也有利于具体实施的弹性化。

① 中华人民共和国宪法（1982年12月4日）[EB/OL]. 中国人大网，http://www.npc.gov.cn/wxzl/wxzl/2000-12/06/content_4421.htm.

（二）“乡政村治”成为一种有效路径选择

“乡政村治”是在宪法明确村民自治后的一种乡村社会管理体制。实际上，它意味着在乡村社会治理中暗含着两种干预力量：一种是国家治理体系下的乡镇政府的行政管理权限；另一种是当地村民的自治权。20世纪70年代末期，人民公社体制已经难以发挥其以往的制度优越性，家庭联产承包责任制在现实乡村生活中将其排除在乡村治理之外。随着党的十一届三中全会的召开，人民公社开始全方位地退出乡村，乡村治理中的诸多社会职能面临着全新的变革与转型。从1982年起，人民公社体制彻底退出历史舞台，村民的自治权力得以进一步提升，这是乡村治理的现实需求，更是国家法律层面的宏观指导，国家大力推动村民委员会的建立。同时，1982年宪法改变了农村基层政权体制，在县以下设乡人民代表大会和乡人民政府作为基层政权组织。截至1984年底，全国99%以上的人民公社完成了政社分开工作，建立了9.1万个乡（镇）政府，并建立了92.6万个村民委员会。①1987年11月颁布的《中华人民共和国村民委员会组织法（试行）》对村委会的性质、地位做了比较具体的规定。上述制度的建立，使农民的民主权利得以真正实现，“自治”真正成为一种现实的民主方案，这同时让乡村治理的制度化、规范化得以顺利开展。

（三）法律化是乡村治理合法化的有效保障

随着乡村自治成为一种社会发展倾向，如何用更为具体化的制度框架与法律约束去规范乡村治理行为成为一个现实的问题。在具体的乡村治理实践中，尽管宪法做了方向性和根本性的规定，但具体可操作性的乡村治理法律细节需要建构起来。为此，1987年11月，第六届全国人大常委会第二十三次会议召开，会议以审议形式通过并公布了《中华人民共和国村民委员会组织法（试行）》，并决定于1988年6月1日起试行。②《中华人民共和国村民委员会组织法（试行）》

① 罗平汉．农村人民公社史[M]．福州：福建人民出版社，2003：412-413.

② 中华人民共和国村民委员会组织法（试行）[EB/OL]．中国人大网，http//www.npc.gov.cn/wxzl/gongbao/1987-11/24/content_1481517.htm.

的颁布，意味着国家层面的乡村治理操作化指南初现雏形，乡村治理的制度化成为一种共识。乡政府与村民委员会的权力边界在乡村治理的操作层面进一步细化。在制度约束下开展村民自治有了更多的权益保障，村民自治逐渐发展成为中国特色社会主义民主政治的重要组成部分。可以说，法律化让乡村治理的合法性有了明确的“说明书”，乡村治理的合法化有了更为有效的保障。

三、乡村治理组织化发展时期

我们所认为的乡村治理组织化发展时期是指20世纪80年代末至21世纪初期：组织化运行是乡村治理制度化建设的进阶要求。可以说，乡村治理制度的执行需要以有效的组织体系为前提，乡村治理组织化发展更离不开相关制度的保障，两者互相渗透，互相促进。在日常的治理过程中，对于乡村治理的运行而言，制度是不可忽视的基础性资源，与此同时，乡村组织作为乡村治理体系的组织资源，会对乡政府在提供公共物品时的行为策略产生显著的影响。

（一）推动乡村治理自治组织的有效运行

乡村治理，一方面，要寻求村民自治，并让村民委员会成为合法性组织；另一方面，需要发动以宗族、本地精英为社会网络的非正式组织，以此来利用资源进行合理配置。虽然《中华人民共和国村民委员会组织法（试行）》规定村民委员会根据需要可以设人民调解、治安保卫、公共卫生等委员会，但其仍属于村民委员会组织内部建设。1998年，新修订的《中华人民共和国村民委员会组织法》颁布实施，提出“村民委员会是村民自我管理、自我教育、自我服务的基层群众性自治组织，实行民主选举、民主决策、民主管理、民主监督”①，这一法律对村民委员会的性质与运行机制进行了相关规定，这显然为乡村治理的组织化运行提供了制度保障。这样的组织运行方式虽然强调单一化主体运作，但是其处理的问题确实纷繁复杂。村民委员会除了自治的角色功能外，同

① 中华人民共和国村民委员会组织法（1998年）[EB/OL]. 中国人大网，http://www.npc.gov.cn/huiyi/lfzt/cmwyhzzf/2009-12/18/content_1530494.htm.

时还间接受到乡政府的影响，甚至在有些乡镇，乡镇干部为了强调对基层的管辖，会用各种手段干扰村民委员会的组织运行，以此来影响其组织决策，这使得我国乡村治理在很长一段时间内呈现一种异化的“半自治”状态。

(二) 促进乡村治理组织运行结构优化

乡村社会的半自治状态随着社会的发展趋于消解，这主要是基于国家层面的制度性解绑。2005 年 12 月，第十届全国人大常委会第十九次会议决定，自 2006 年 1 月 1 日起废止《中华人民共和国农业税条例》。于是，农业税成为历史，国家给农民的利好让乡村治理赢得一个较好的发展环境。为了更好地指导乡村治理工作，2005 年 10 月，中国共产党十六届五中全会提出要按照“生产发展、生活富裕、乡风文明、村容整洁、管理民主”的要求推进社会主义新农村建设，多元化治理成为一种新的时代需求，村民委员会作为乡村治理主体组织成为村民自治的主导，国家层面对于农村的重视转化为资源性的流入。乡村治理的事务除了自治外有了更多的公共服务功能。然而，原有的村民自治组织在引导多元角色参与方面的效能较低，甚至完全不能满足乡村社会发展的需求。这时，一些群众性组织以非正式组织的形式出现，作为村民委员会的功能补充，减轻了村民委员会的运行压力，这些群众性组织在协调村民关系、辅助重大事务等方面发挥了重要作用。

四、乡村治理主体多元化时期

乡村治理主体多元化时期是指 21 世纪初至 2016 年。我们在三十年间建构了中国特色的乡村治理体系，乡村治理的路线图在中国的大地上得以实现。然而，在整个乡村治理的主体框架体系中，农民主体能力成为决定乡村治理成败的关键。

(一) 农民主体能力提升是乡村治理顺利实施的保障

从中国社会发展的脉络来看，城乡一体化成为一种趋势，但由于历史性原因和现实性基础，城乡发展不平衡成为影响社会稳定的重要因素。在这一背景下，如何缩减城乡差距、推动城乡一体化成为政策的重点关注领域。2008年10月，中国共产党第十七届中央委员会第三次全体会议审议通过了《中共中央关于推进农村改革发展若干重大问题的决定》。从这一部署我们可以看到，随着乡村治理的进一步发展，制度性障碍已经成为历史的陈迹，乡村治理更加重视人的因素，将对于农民主体能力建设的重视提上了日程。2010年10月，第十一届全国人民代表大会常务委员会第十七次会议对《中华人民共和国村民委员会组织法》进行了修订，重点对村务公开、村务监督、民主决策等内容进行了修正和补充。这些相关法律的修订意味着国家层面对于农民主体参与的高度重视，其中涉及农民的利益表达、自身能力发展、沟通能力、合作能力以及公共事务监督能力。随着乡村治理组织化的日益深化，农民在合法参与治理时，治理能力缺乏的弊端日益显现，因此只有提升农民参与公共事务的治理技术，才能最终实现乡村治理的多元参与。

（二）农民主体能力提升是乡村治理顺利开展的标识

在乡村治理过程中，公共事务的维持与运行需要权威的介入。传统型权威作为一种最古老的权威形式，成为乡村治理的一种权力来源，它往往建立在从古至今的传统以及由此确定的习惯基础之上，神圣性与合法性是其典型特征。这也成为乡村精英治理、能人治理的力量源泉。问题的关键在于，农民在参政议政的过程中是否能真正发挥作用，而不仅仅是简单的角色参与。倘若农民的参与没有实质性的意见表达，多元自治可能会掩盖乡村治理的“寡头政治”，这反而不利于村民权益的合理化实现，也不利于村民自治的顺利发展。为此，我们有必要通过各种培训或者实践提升农民主体能力，让一部分农民成为治理精英。倘若在农民群体中找到一批具有自主改造乡村社会的理想，并且在行动上有强烈主观意愿的人，那么，他们身上显然具备参政议政的自治能力，这些品质与能力是一般农民所不具备的，这也成为其人格魅力与影响力日趋形成的根源所在。同时，从国家政策层面分析，为了进一步提升农民主体能力，优化治理环境，国家推出多项政策为乡村发展注入新的力量之源。各种下乡活动如雨后春笋般出现，诸如法律下乡、文化下乡、金融下乡、资本下乡等一系列政策先后出台，这些都为乡村治理的主体能力建构注入了新鲜的血液。

五、乡村振兴时期的乡村治理

乡村振兴时期的乡村治理是指2017年至今。伴随乡村治理的制度建设、组织运行到主体能力建设，乡村治理系统的各要素发展日趋完善，但是，如何从根本上解决乡村制度落地、组织空转与主体能力发展不平衡等问题则是乡村治理进入新时代必须要回应的命题。2017年10月，中国共产党第十九次全国代表大会提出实施乡村振兴战略，按照“产业兴旺、生态宜居、乡风文明、治理有效、生活富裕”的总体要求，推进乡村全面振兴。① 这实质上是对“生产发展、生活富裕、乡风文明、村容整洁、管理民主”的社会主义新农村建设总体要求的提质升级，是解构城乡二元化、减小城乡差距的重要方略。在新的时代背景下，乡村治理由过去的理念式整合到现在的内涵式发展，从形式到内容、从目标定位到最终的落实路径都发生了深刻的变革，而这些变革都深刻体现着国家治理现代化的倾向。新时代的乡村振兴重点突出了国家力量的整合作用，这一作用在乡村治理过程中主要表现如下。

（1）目标定位。乡村治理的最终目标是实现民主价值导向下的乡村振兴，对于乡村居民而言，则是获得更多的幸福感。

（2）协同共治。党的十九大明确提出要建立健全法治、自治、德治、生态治理相结合的乡村治理体系，这实际上为乡村治理提供了理想操作方案。乡村法治是现代文明的基本标志；村民自治是中国特色社会主义民主的优势所在；乡村德治是中国传统社会优良习俗的继承与发扬，新时代乡村治理既要吸收现代文明与传统道德的精华，更要充分尊重农民的意愿；乡村生态治理是国家治理的重要组成部分，是实现生态文明的必然选择。

（3）系统综合。中国共产党第十八届三中全会提出全面深化改革重大战略

① 马华，马池春．乡村振兴战略的逻辑体系及其时代意义 [J]. 国家治理，2018（3）: 7-12.

部署，而全面深化改革需要实现国家治理体系和治理能力现代化。乡村治理体系和治理能力是国家治理体系和治理能力的重要组成部分。乡村振兴的最终实现需要乡村治理者通过组织创新、机制创新、制度创新，运用多主体参与、多层面协商、多维度赋权等系统综合的治理工具，打造“多元共治”的乡村治理新格局。

第二节　改革开放以来乡村治理的基本特征

改革开放四十多年以来，尽管不同历史时期、不同发展领域乡村治理的内容各有不同，有的时候还存在着一定的治理失效问题，但总体来说，政府和乡村社会以及其他组织和个人在乡村治理进程中都在发挥着自身的角色作用。从治理的最终目的来看，都是为了实现乡村公共利益，并以此对乡村进行有效组织、管理和调控；从治理的方向上来看，旨在破除乡村社会单一化、威权化的治理结构，嫁接乡土社会教化秩序和优秀礼俗，更加注重乡村社区多元主体互动合作，更加充分吸纳社会组织和农民群众参与，逐步提升现代乡村治理过程的民主性、协调性和公共性。总体来看，改革开放四十多年以来，乡村治理呈现出以下三个方面的基本特征。

一、社会治理重心逐渐下移

社会学者孙立平曾经指出，改革开放前，我国社会是国家高度强大、社会成员高度同质的总体性社会。改革开放之后，特别是近年来正在形成多元化的社会形态。就社会的发展趋势而言，乡村治理所面临的环境日趋复杂。然而，由于改革开放后国家致力于城市化建设，大量的公共服务与治理资源留存于城市，乡村很难享有与城市相同的公共设施，城乡之间在社会治理方面存在典型的二元结构。相比于城市治理有公共财政的保障，乡村治理更多的是自主负担的治理。二者在公共服务配置与公共资源分享上有着显著差别。乡村治理虽然由于经济基础等先天性原因，不能满足农村社区居民的社会需求，但是其治理目标朝向城乡基本公共服务均等化，这必须依靠资源下沉、服务延伸、保障下倾，促进社会治理重心下移，激发基层基础活力，从而为农民群众提供精准有效的公共服务。

二、民主管理层次明显提升

对于乡村治理而言，乡村基层的民主自治，是乡村基层甚至是整个中国社会的重大政治变革。改革开放后的中国乡村社会亟须新一轮的改革与制度创新，而问题的焦点集中在乡村基层民主组织体制的建设上。民主管理是决定民主选举是否有效、民主决策能否实现、民主监督能否开展的前提条件和关键环节。在乡村治理的实践中，随着民主自治组织的逐渐成熟，农民的表达意愿越来越强烈，参政议政的能力也得以提升，到目前为止，乡村治理基本实现了基层群众性自治组织全覆盖。乡村民主管理的形式日渐丰富，多元民主参与的质量显著提升，对待民主自治，农民群众不再是“政治冷漠”，而是变被动管理为主动管理，成为乡村治理决策的主体之一。随着农村基层民主管理层次的提升，它的价值不仅仅体现在乡村治理之中，更体现在整个社会主义民主政治建设的要义之中。

三、产权与治权统一化走向

产权和治权的互动关系形塑农村政治形态。《中华人民共和国宪法》规定：“农村和城市郊区的土地，除由法律规定属于国家所有的以外，属于集体所有；宅基地和自留地、自留山，也属于集体所有。”在制度的历史惯性下，乡村逐渐形成了“三级所有、队为基础”的农村集体所有制。集体产权决定着集体资源的分配和使用，这不仅是经济治理的核心内容，还对农村社区的公共权力运作产生深远影响。改革开放对乡村治理的影响深刻，乡村治理始终坚持并保障集体产权的完整性，防止所有权虚化和产权分化，以完整产权来维护村庄治权的统一，防止产权分化带来的治权分裂。在此基础上充分发挥市场在资源配置中的决定性作用，实现权力与资源的分离，保持农村集体资产保值增值，推进集体经济可持续发展。此外，乡村治理主体进一步明晰了产权，建立了各权利主体清晰的权、责、利关系，尤其是赋予并明确了集体成员权利，增强了集体成员对于集体产权的认同感和获得感。改革开放前后正反两方面的经验表明，产权和治权相分离，会带来乡村治理困境；产权和治权错配，会损失农业生产效率和经营效率；产权和治权相统一，才能给农村社区带来生机和活力。乡村善治就要在集体所有权边界范围内，充分行使村民自治和民主管理的各项权利，既不逾矩，也不远疏。

第三节　改革开放以来乡村治理的中国启示

诚如梁漱溟先生所言："乡村治理是一种建国模式，其用力点非着眼于国家政权，而是自下而上，由小而大，由农业及工业，由乡村及都市，逐级实现社会的组织化。可以说，乡村治理不以政权为初衷，却得到政治有序的结果，从局地开始，以全局为终。"[①] 回顾中国乡村治理四十多年的演进历程，党和国家面对日趋复杂的农村社会环境，迎难而上、开拓进取，在乡村治理诸多问题的应对与化解中积累了许多宝贵的经验和智慧。

一、坚持党的领导下国家高位推动

"90 多年党的历史昭示我们：没有中国共产党作为中国特色社会主义事业的坚强领导核心，就没有中国的现代化，就没有中华民族伟大复兴，因此必须不断加强和改进党的建设。"[②] 纵观中国乡村治理四十多年的变迁历程，国家作用的发挥对中国乡村治理实践进路有着至关重要的影响。在党的领导下，乡

① 魏文一．从乡治到乡村建设：梁漱溟学术理路的演进及其对基层社会治理的启示 [J]. 山东社会科学，2016（10）：64-70.

② 中共中央党史研究室．中国共产党的90年 [M]. 北京：中共党史出版社，2016：124.

村治理主体在尊重民意的基础上可以集中资源办大事。中国共产党的号召力让农民群众第一时间服从党的政策、方针、路线，乡村治理诸多制度改革与实践探索，正是通过党的领导以及国家层面的政策设计，在较短时间内得以精准实施，这最大程度地减少了社会利益主体的内耗，进而最有效率地推动了中国乡村治理进程。“党的十八大以来，习近平总书记应时代之变迁、领时代之先声、立时代之潮头，带领全党全国各族人民继续推进中国社会伟大革命，开创了中国特色社会主义新时代，推动党和国家事业取得历史性成就、发生历史性变革，推动管党治党发生历史性变化，展现出巨大的政治勇气、坚定的意志品质、深沉的历史忧患、强烈的责任担当，赢得了全党全军全国各族人民的衷心拥护，赢得了国际社会广泛赞誉。党的十九大把习近平总书记党中央的核心、全党的核心地位写入党章，这是党和国家之幸、人民之幸、中华民族之幸。”[①] 只有这样才能真正让农民得到实惠，乡村治理的话语体系中要有农民的声音。

二、始终坚持以人民为中心的要旨

回顾改革开放以来乡村治理发展的历程，什么时候尊重民意，完善对人民群众切身利益具有重大作用的制度，什么时候人民才能真正享受到改革开放的成果。坚持农民群众的主体地位，畅通农民参政议政的多元沟通渠道，只有这样，农民群众的表达意愿才会被充分释放，农村内生发展的动力机制才能被有效激活。农民群众作为乡村治理的内生力量是乡村振兴不可或缺的重要一环，由此，形成了国家引导下的农村基层内生型改革创新路线。同时，乡村治理要有效发挥农民主体作用，充分尊重农民首创精神，农民参政议政不仅是全过程的参与，更要体现其参与的质量。在某些政策议程中，要因地因时制宜，对当地政策的决议要多调研，多邀请当地农民群众发表意见，在维护大部分农民群众利益的同时，也能考量到小部分农民群众的利益，不能把大多数的利益

① 中共中央宣传部．习近平新时代中国特色社会主义思想三十讲 [M]. 北京：学习出版社，2018：98.

等同于结果的公平。从整个中国乡村治理的结果来看，改革开放四十多年，人民群众的主体地位得以明确。可以说，以人民为中心，始终尊重农民首创精神是中国乡村治理改革创新坚守的基本原则。

三、坚持着力提升基层社会的治理

改革开放初期，乡村治理中的农业问题极其严重。以安徽省凤阳县小岗村的改革为契机，全国各地农村基层干部为改变以往的落后面貌，勇敢地冲破既有僵化体制的束缚，开启了波澜壮阔的改革。可以说，改革开放初期，乡村社会相对稳定的基础就在于基层的活力与稳定。改革是为了实现更好发展，发展则有利于维护农村社会稳定，农村社会稳定是推动农村改革与发展的基础，也是维护农民权益的根本保障。同时，完善基层民主制度，推进治理法治化是党的十八大和十八届四中全会提出的重要改革目标。2015 年 5 月和 7 月，中共中央办公厅和国务院办公厅相继发布《关于深入推进农村社区建设试点工作的指导意见》和《关于加强城乡社区协商的意见》，对于发展基层协商民主做出了具体的安排，并初步完成了基层社会治理的国家顶层设计。党的十九大提出了实施乡村振兴的战略目标，要求加强农村基层基础工作，健全自治、法治、德治相结合的乡村治理体系，以促进“共建共享共治社会多元治理格局”的形成。当然，对于基层社会治理的建设不能一蹴而就，而要遵循渐进性改革路线，可以说，改革开放以来的中国乡村治理改革包含着国家治理的宝贵经验与群众智慧，对推进新时代乡村治理改革创新具有重要启示和意义。

第二章　改革开放以来乡村法治的模式与启示

倘若以改革开放作为研究的分水岭、以乡村法治作为梳理对象的话，我们发现改革开放前的乡村法治建设相对滞后，还没有引起人们在观念、意识上对法治的足够重视。自 1978 年改革开放以后，国家层面开始有了对法治的诉求，当然这也是改革开放进程本身所赋予的时代要求。回溯过往，我国乡村法治的雏形已经基本呈现，相关法律体系已建构完成。然而，我国乡村治理的法治之路依然任重道远，乡村法治建设还有诸多可以完善的空间。

第一节　乡村法治的背景

1978 年的改革开放让中国的经济发展走上了快车道，同时，中国的乡村治理迎来了新的发展格局。一方面，经济制度的优化导致了人才的合理流动，随着工业化、城市化的推进，城市在国家资源相对集中的优势下快速发展；另一方面，随着国家制度层面对户籍制度的变革，随着农业科学技术水平的不断提升以及农村经济体制改革的深化，人们逐渐可以摆脱对土地的依赖。与此同时，城市文明的辐射也让大批农村人口流入城市。农村、城市的二元体制导致了两者的差距，但是边界日益模糊、流动日渐频繁成为一种常态，并极大地改变着乡村的社会治理结构。陌生人社会背景下的异质性凸显以及“鸡犬相闻，阡陌交通”的社区关联格局被打破，导致以往传统权威主导下的乡村共同体日趋瓦解。这也进一步瓦解了传统权威的路径依赖，乡村公共秩序的维系靠以往的权威范式无法生效。同时，以乡镇政府为主导的乡村法治宣传工作日益被重视，基层司法的制度设置和机构安排越来越科学与合理。

一、乡土社会内在的法治化诉求

相较于城市，乡村的发展相对缓慢，其治理环境也相对简单。乡村生活的节奏总是让人产生停滞或迟缓的错觉。而这种错觉根源于乡村的社会属性，乡村社会是以农业为基础、以土地为基本生产资料、以农民为生产主体的社会形态，而这三者之间有着天然的不可割裂的关系。种地的农民搬不动长在土里的庄稼，固着在土地上的农民也一代一代地传承下去，少有流动。由于缺乏流动性，中国乡村的社会结构与劳动分工也显得单一，千百年来，乡村社会都表现出了高度的同质性。黄宗智（2007）的研究表明，尽管1929年至1930年国民党政府颁布的《中华民国民法典》与清律在术语、范畴、原则，特别是关于妇女在财产和离婚权利方面相去甚远，但就整体而言，民国时期乡村社会的民事诉讼内容与从前并没有什么本质上的不同，民国法律中的“民事”纠纷一仍其旧，与清律中的“户、婚、田土细事”基本类同。日益活跃的市场交换丰富了农民的权利意识与契约意识，渐入寻常百姓家的各类中高档物质产品也极大地开阔了农民的视野并勾引起他们渐趋增长的消费欲望……频繁的社会交往必然伴随着纠纷的大幅度上升以及诉讼机会的增加，其间此消彼长的变动轨迹通过近年来各类民事案件数量上的增长和结构上的多样化得到了证明。以渭水市古渡区人民法院成立后十年间所受理的民事一审案件为例，在该院成立之初的1987年，仅有285件；1996年，则达到了1266件（渭水市古渡区人民法院，1997：56-75）。在秦窑法庭辖区，一个不争的事实是，市场化激流开启了人们的权利意识，乡村社会对法治的需求也随之高涨，这种需求既来自乡民，也来自乡镇政府。乡村市场经济不仅使乡民的个体权益作为市场要素得以进行独立的交换，而且还为重构社会成员与公权者之间的权利义务关系提供了必要和可能，它在不断激发乡民对政府的权利要求的同时，也提高了乡民的需求层次和自组织程度（夏勇，2000：677-678）。

二、现代理性下的农民法治需求

改革开放之后，随着更多的村民从农村来到城市，以往热热闹闹的家庭聚合由于乡村年轻劳动力的流出而略显冷清，传统权威格局下的乡村治理趋于理性化，以往有情感维系的共同体日渐瓦解。人们在现代性所覆盖的乡村日常生活中趋于理性，在生活的圈子中分辨着谁是自己人，谁又不是。村民的关系网络不能像过去一样有着稳定的延续，费孝通先生所描述的差序格局在乡村治理层面已经彻底颠覆。就事论事、按章办事、具体问题具体分析成为村民解决纠纷的惯常举措。随着城市文明辐射下的现代市场经济理念的渗入，村民自发地对传统权威所建构的村庄共同体的认同度下降，这在极大程度上瓦解了乡村原有的公共秩序。集体记忆断裂、传统权力约束日渐式微，生活在乡土情境中的村民越来越理性化与利益化，现代村庄内的关系程式更趋向于以利益为标准的单一性联结，市场经济在极大提升村民工作绩效的同时，也带来了一些不好的影响，譬如，有些村民为最大化获取自身利益不惜碰触他人利益，部分纠纷不再因为乡土生存法则的制约而得到有效控制，村民的经济人意识逐渐取代了以往的道德人意识。

与此同时，现代化视野下的乡村治理结构的深刻变化也使得村民的传统观念发生了改变。譬如，在以往农村，“不孝有三，无后为大”的传统意识如金规铁律般不容违背，而现在，以往的传统伦理被日益频繁的城乡互动侵蚀，血缘的凝聚力被业缘等理性因子割裂开来，封建传统的养老意识逐渐消淡，生育的价值功能逐渐淡去，工具理性的意识日益凸显，人们更为明显地意识到个人自由的价值。村民寻找自我、发现自我的意识提升，为形成良好的法治氛围打下了基础。法律作为一种制度理性，是一种普遍适应的刚性法则，对于法律的重视让乡村治理的规则化与正式化成为可能，而法治的实现需要有良好的社会秩序作为现实保障，农民理性意识的觉醒为法治的实现创造了条件。

三、国家制度层面的法治化趋势

1985年，国家从顶层设计上加强了对基层法治建设的重视。第六届全国人民代表大会常务委员会第十三次会议通过了《全国人民代表大会常务委员会关于在公民中基本普及法律常识的决议》，全国性的农村普法活动拉开了序幕，加强农村居民的法律常识成为一项迫在眉睫的任务。截至2020年底，第七个普法宣传教育周期结束，经过七次普法宣传的洗礼，农民的法律意识与过去相比有了明显提升，人治思维逐渐在法治过程中被人遗忘。20世纪80年代，国家层面的制度建设成为乡村法治强有力的推进力量。与此同时，国家开始着重顶层设计上的立法。为了促进农业的发展，相继颁布了《中华人民共和国土地管理法》(1986)、《中华人民共和国村民委员会组织法（试行）》(1987）等。自国家法理层面的立法活动开展以来，在乡村治理的实践中以《中华人民共和国村民委员会组织法（试行）》为基础，确立了包括地方性法规、政策措施、村民自治章程和村规民约等在内的村民自治制度体系，完善了以《中华人民共和国农业法》为核心，包括《中华人民共和国农业技术推广法》《中华人民共和国农村土地承包法》《中华人民共和国农民专业合作社法》等在内的农业法律体系。这些关涉国计民生的农业领域立法，为法治在农村的顺利推进提供了制度基础，于是在乡村治理实践中一旦涉及日常纠纷时，诉求于法律成为乡村居民的首要选择与考量，人们越来越相信法律，法律也用实践证明其有效性。

与此同时，法律不仅仅显现于村民的利益纠纷层面，同时也更大可能地让村民的利益得以表达与实现。对比以往的村民利益诉诸主体，譬如，村里有威望的老人、村干部抑或是乡镇政府，法律权威在乡村治理上的体现在很大程度上也迎合了农民的需求，他们的诸多合理行为也需要法律层面上的支持，这种力量是乡村干部所不能赋予的。总之，随着农民法律意识的提升，学法、懂法、用法已成为农民在理性思索后的现实方案，农民愈来愈看重法律在日常行为规范中的作用，法治逐渐成为乡村治理的重要途径。

第二节　乡村治理走向法治化的必然性

一、乡村法治极大地促进了社会共识的形成

法律面前人人平等，这种平等性能够让人信服并最大程度地引起村民们的共鸣。我们清晰地知道，必须在依法治国方略下得到普通民众的普遍认可和参与，才能够让乡村治理真正惠民并执行到位。只有广大农民主动和灵活地运用法律，如此才使得全社会形成对应的法律信仰，充分地宣扬对应的法律意识和精神，并在整个社会中建立起对应的法治文化，这无疑是遵守法律、活用法律的环境基础。如果人们在公共生活中失去了对法律的信赖，那么他们可能会通过托人情、找关系等非正规的手段来实现自身利益，这无疑会对社会的公平性与秩序的合理化产生恶劣的影响，依法治国将无法真正在乡村层面得以落实。基于此，在乡村治理进程中，我们不仅要让普罗大众真正意义上具备法治意识，更重要的是，我们还要在乡村生活的各个方面树立法律的权威性，让人们感受到法律的威慑力。当法治的思维真正深入人心，这实质上也有助于乡村社会在各项公共事务的决策上达成一致。法律不仅仅是国家单方面的制度约束，还应该真正地体现程序正义与结果正义，真正让村民心所系、行所靠。同时，对于法治的推动，我们不仅仅要让村民恪守法律制度，还要让大家从价值层面达成共识，要对法律产生敬畏之心。在乡村治理的具体实践中，我们要充分发挥村民的主体作用，使其投身于公共秩序的维护与乡村生活的建设，如此也有助于其产生法律至上的基本意识，形成优秀的环境氛围。乡镇政府则要积极推进乡村法治建设，通过广播、电视、网络等媒介做好多渠道、广覆盖的宣传工作，从而推动法治理念深入人心，让所有的村民遵法和用法。切实地通过法律保障个人的权益，主动地履行法律有关义务，打造出良好的法律氛围，从而增强法律的权威性，提高村民的法律认识，降低其通过法律之外的方式处理问题的可能性。

二、乡村法治化最大程度地维护了农民权益

随着改革开放进入深水区，乡村治理的环境也变得日趋复杂，各种利益主体间博弈频繁，新时代面临的新问题也日渐显现，这样的治理背景要求乡村治理主体提高认识，通过乡村法治化来应对当前社会矛盾引发的一系列问题，通过依法治理赢得乡村居民的信任。现阶段农村社会矛盾愈发显著，形式存在着显著的多样性，处理问题的难度加剧。这一方面是由于社会转型所带来的各方面的矛盾冲突，另一方面是由于城乡二元制度所导致的城乡差距，与城市相比较而言，人们的获得感与幸福感在物质需求与公共服务供给上差异明显。对于这方面的问题，治理主体要尤其重视，如稍有处理不当，则会导致矛盾激化，乃至于引发群体性事件，这对于农村的和谐平稳发展是非常不利的。这与国内利益协调和纠纷处理机制不完善有着紧密的关系，也与我国长期认识和应对纠纷的处理方式有着极大的关联。在以往的治理经验中，我们大多是通过传统的官僚行政理念去面对广大村民，这本质上是把村民看作被动的管理目标，并通过刚性的约束指令去应对民众间的问题，由于很少考虑到民众的心理感受，乡村管理难以深入人心，公共利益受到权力侵害，也极大地损害了法律的权威与效力。当然，对于法治而言，关键是在于法律的执行与落实到位，乡村治理更是需要基于法治的轨道处理社会矛盾和一系列的问题，将群众的合法权益及诉求落到实处。面对乡村公共生活所发生的任何问题，要坚持法律面前人人平等，做到杜绝歧视、特权和放纵。在乡村公共政策执行进程中，乡村治理主体要规范办事程序，做好透明、公开、合理的措施，便利于民众，有助于保障群众权利，实现以人为本。作为乡村治理主体，乡镇领导、村干部必须提高个人的基本素养，提升法律意识。一方面，要充分地发挥带头作用，保证个人的廉洁性；另一方面，要积极推动群众合理地表达个人的诉求，利用法律的方式保障自身的权益，从而令问题可以快速有效地得到处理。

三、乡村法治的思维是时代发展的必然要求

法治思维是在党的十八大报告中所提出的全新理念，同样也是对领导干部在全新历史环境下增强治理水平的全新要求。其事实上即要求在全新的历史机遇之下，将法治思维作为核心，作为判定和处理问题的基本思路。党的十八届四中全会再度提出要全面增强执法水平，提高村民的基本观念，这也是乡村治理的根本指导方向，同样也是农村党干部的使命和责任的根本导向。现阶段将法治思维作为促进乡村发展的核心：首先是创建以人为本的基本理念，贯彻落实人本的法治理念，切实地实现、保障和发展广大农村人民的根本权益，从而推动所有村民可以充分地享受社会进步所形成的一系列成果；坚持“法律面前人人平等”的原则，使所有的村民均可获得平等的法律地位，在法律的指导之下获得同等的权利并肩负对应的义务，权利均可以获得法律的保障。其次要建立起社会公平的法治理念，坚持把公平正义作为协调农村社会一系列利益关系、科学处置各方面矛盾的标准规范，渗透至乡村治理的始终，从而充分地展现出其对应的保障效果，在社会组织和村民等一系列主体的奋斗之下，打造出良好的有助于实现公平正义的社会环境，切实地保障村民能够获得均等的参与、发展的权利。最后是创建依法科学考核的思维，以法治思维取代过去的经济思维，尤其是过去片面关注 GDP 的思维模式，通过法治的一系列措施推动农村社会的良好发展，将科学发展的需求贯彻到实处，利用法律对村民的规制和教育意义，从而防止为了实现纯粹的经济发展而采取的活动，创建更为完善的考评机制，利用全面、科学的评价指标体系，引导创建良好的社会经济建设格局，强化社会管理。党的十九大作出了“中国特色社会主义进入新时代”的重大判断，并指出我国社会主要矛盾已经转化为人民日益增长的美好生活需要和不平衡不充分的发展之间的矛盾。显然，时代的进步也指引着我们在社会公平、正义方面一定要以法律为基本准绳，社会治理尤其是乡村治理需要法治保障。

四、乡村法治维护了乡土社会秩序稳定和谐

乡村公共秩序的稳定对乡土社会的发展意义重大。唯有创建以法律作为核心的主要模式，建立起良好的社会秩序，如此方可以科学地调节一系列社会关系、社会利益，处理繁杂的社会问题[①]。乡村治理过程中经常会面临乡村秩序方面的问题，这也是维护乡村经济稳定发展的前提。我国经济在改革开放的持续快速发展和城市化的不断推进之后，第二、三产业于国民经济之中的比例依然超越了农业，然而我国大多数地区依然是农村，农业人口的比例依然远超过城市，因此农村问题仍然是关系国家和谐繁荣和长效发展的关键。从历史发展而言，中国共产党正是通过农村包围城市，依赖农民群众的力量取得了中华人民共和国的成立。所以，不管是基于历史因素，抑或是从我国国情进行分析，党和国家均应该高度关注乡村的稳定性。在国家提出新农村发展方案之后，首先要做的是推动新农村的法治建设，以达到维护乡村社会稳定的目的。因此，加强并完善乡村法治，既是新农村建设的内在要求，也是化解社会矛盾、构建和谐社会的必要举措。同时，乡村法治社会的秩序需要全民共同维护，对于那些破坏公共秩序的人以及那些为了一己私利的闹事者，需要有人及时勇敢地站出来去制止。在现实社会中确实存在着一些人抱着“事不关己，高高挂起”的态度，任凭事态发展扩大，任凭自己的利益或是生命受到威胁而无动于衷。我们要切实为乡村法治的实施营造良好的氛围，提升整个社会的法治意识，并严惩那些破坏法律、扰乱公共秩序的人以维护乡村秩序的稳定。

第三节　乡村法治的运行模式

“法治中国”是国家顶层设计的一部分，在众多决定中“基层治理法治化”更是被明确提及，中央文件多次表明:“推进基层治理法治化。全面推进依法治

①李静．农村社会法治问题初探[M]. 北京：中国农业科学技术出版社，2010：19.

国，基础在基层，工作重点在基层。”乡村法治对国家治理现代化的实现意义重大，我们只有深入推进乡村法治，才能更好地保障农民的基本权利。

一、法治建设遵循的基本原则

乡村治理的法治化进程有其运行的逻辑，在乡村治理法治实践中应遵循其基本原则，依据这些基本原则我们才能扎实推进乡村法治，也为乡村法治日常提供合理、合规的行为文本参考。

（一）以人为本

我国的治理现代化方略其核心要义是“人民之治”，这就意味着乡村法治的最终诉求是维护人民的利益。2014 年，中国共产党第十八届中央委员会第四次全体会议在北京召开，会议就如何实现“建设中国特色社会主义法治体系，建设社会主义法治国家”展开讨论，经过协商在《中共中央关于全面推进依法治国若干重大问题的决定》中提出要想实现目标则要坚持六个原则，第一位原则是坚持人民主体的地位。显然，人民利益的充分实现是我们进行乡村法治的根本诉求，因此，在乡村法治的现实情境中我们一是要依靠农民，二是要善于倾听农民的声音，要真心听取农民的建议与心声。只有从本质上了解到农民的切身利益，才能在行动中真正体现出为农民服务。我国公民享有选举权和被选举权、言论自由权、监督权等，为了让人民群众的权利得到充分体现，就要拓宽农民参政议政的有效渠道，实行阳光政府、透明执法，并有效引入第三方力量进行监督。马克思说过：“人的本质不是单个人所固有的抽象物，在其现实上，它是一切社会关系的总和。”因此，国家治理现代化的实现需要得到广大农民群众的根本认同并形成共识。我国现在处于并将继续处于社会主义初级阶段，在这一过程中尽管经济发展的客观现实不能完全满足人们的现实需求，但是我国依然坚持人民当家作主，所以在建设农村法治时则必须坚持以人为本的原则。只有以人为本，维护乡村村民的核心利益，才能充分调动他们的积极性和热情。而法治的推进是实现人民当家作主的重要途径。我们要将广大农民凝聚在一起，一方面保障他们的根本权利，另一方面唤醒他们的法律意识，形成乡村治理法治与仁治的良性循环。

（二）公平正义

乡村法治建设需要维护乡村治理的公平公正，为此我们要合理构建基于机会公平、结果公平、程序公平的社会制度体系。这样可以从制度层面上维护乡村农民的基本利益，有利于维护社会秩序的稳定。当然，根据阿罗不可能定律，任何制度都不可能满足所有人的利益取向。而这更能体现制度的公正性，因为这样能防止那些不当得利者破坏社会的公平与制度的权威。

乡村治理法治建设的深层次推进意味着要打破乡村原有利益格局，对乡村公共资源进行合理配置。对于乡村治理而言，阶层利益凝固化确实在很大程度上阻碍了公平正义的实现。因此，打破原有利益分配与资源垄断机制，让改革成果更多地分配给基层农民群众显得尤为重要。同时，加强对乡村基层法治的宣传工作，不仅符合国家层面社会主义核心价值观的精神要义，更能在农民日常生活中确立基本的生活规范与道德底线，最大程度上激发人民群众的自发意识。从国家法律层面上来看，《中华人民共和国宪法》作为国家的根本大法，从多个层面阐述与确认了人民的根本权利，其最终目的是体现社会的公平、正义，农民在法律的框架中享受个人自由，使社会保持稳定的平衡的发展状态。只有在社会主义新中国，我们才能通过法律的框架约束，让公平正义的实现从理想变为现实。法律面前人人平等，是实现公平正义的根本要义，这也是我国依法治国政策方略的精神所在。当然，从本质而言，公平正义是一个相对抽象的概念，在乡村治理的过程中我们要把公平正义落到实处，最基本的做法就是通过相关法律法规的颁布让乡村治理过程变得更可操作化。这涉及农民群众利益的损害程度，贪污腐败、以权谋私的恶劣程度，依法治国的实现程度，人民群众的参与程度。这些量化指标的设定可以更好地实现公平正义的可操作化与具体化。当然，除此之外，乡村治理法治建设公平正义的实现当然离不开严格的法律司法体系，因为除了农民主体的自发自觉、制度设定的合理化规则，还需要对权力的掌握者和执行者给予约束和威震。

（三）**法制统一**

国内外对于法制统一的阐释有不同的说法，就其本质而言，法制统一在法治意义上意味着共识性与权威性。国家通过法律的设定将国家顶层设计的重大方针政策确定为法律，一方面，有利于相关政策的贯彻落实；另一方面，由政策上升为法律其本身也意味着政策的延续性与权威性。无论是善法之治还是恶法之治，也不管是简法之治或繁法之治，凡欲使法律发挥制度效应，法制的统一性就是必须的。在乡村治理的法治化视野下，我们要从乡村治理的具体实施环境出发，为了保障我国法制的权威与统一，为了在依法治国方略下维护法治的整体性，在维护法制统一的前提下，对我国乡村治理过程中有关农民与农业的相关制度进行合理创新与变革，并把乡村治理实施环节中比较好的延续性、普适性政策用法律的形式固定下来，以实现乡村治理的制度化、法制化。同时，在乡村法治建设的进程中我们还要充分借鉴其他国家农业治理的先进经验，兼收并蓄，以保障乡村治理中法治建设的开放性与包容性。更重要的是，在乡村法治的具体实践中，我们要通过各种方式采取相关保障措施，以法律的形式约束人，强调法律的普世性与权威性，任何人都没有法外特权。其中，我们主要从以下两个方面进行着手：一是乡村治理法律制度的变革必须在法制统一的前提下，在国家根本大法的范围内进行修订；二是那些被法律化的制度框架必须与其他法律条文相匹配而不冲突，真正实现“已成立的法律获得普遍服从，而大家所服从的法律又应该本身是制定良好的法律”[①]。

二、建构法治意识的提升机制

乡村法治的良性运行需要有良好的法治氛围与环境。首先，我们要加强乡村基础教育，以提升农民科学文化素养。为此，我们需贯彻落实好国家规定的九年义务教育。同时，针对乡村的教育形式应该多元化，并加强对现有乡村

① 亚里士多德．政治学 [M]. 吴寿彭，译．北京：商务出版社，1965：199.

教育资源的配给与整合，逐年缩小与城市公共教育的资源差距。要千方百计增加乡村教育的经费投入，通过开设乡村成人教育、农业科技知识培训等有针对性地对农民进行培养。让传统“靠天吃饭”的农民向现代“靠科技致富”的农民过渡。更为重要的是，要潜移默化地提升农民的法律意识，要让法律意识在乡村生根开花，在乡村做好基础教育的前提下，培养农民“人人懂法、人人守法、人人依靠法律维护自己的切实权益”的法治观念。其次，在乡村加强基础教育的前提下对农民进行普法教育，培养农民的维权意识、民主意识、守法意识。随着依法治国的持续推进，乡村基层干部已经充分认识到了法治建设的重要性与紧迫性。当然最主要的是，法治意识的培养环节不是靠政府主体的单打独斗，而是要依赖于广大的农民主体，因为就其本质而言，依法治国突出两个意识，一是法治意识，二是民治意识。广大的农民群众要知法、守法、用法、维护法律，习惯性地用法律来武装自己，并督促自己的行为。哪怕是碰到极端的利益纠纷，也能够运用法律手段来保护自己的合法权益，解决各种矛盾纠纷。最后，要加强普法专业人员的队伍建设。要将法律知识的普及与乡村治理的实际相结合，做好法律知识普及的“传、帮、带”工作，全面提升乡村农民的法律意识，以做到法治教育层面上的城乡统筹发展。

三、建立健全乡村的法律体系

乡村法治的良性发展离不开法律体系的建构。一方面，我们要突破传统法律体系建构的路径依赖，要改变以往的农业立法思路，要以乡村法治实践为依托，借鉴国外发达国家的相关立法经验。实际上，从各国对乡村立法的经验来看，农业、农村和农民都是国外立法的重要一环，是重点立法保护对象。就我国现有国情而言，要建立健全乡村法律体系，以法律形式明确农业在国民经济中的基础地位和作用；要切实确立涉农方面的基本法与相关配套体系，要注重实用性，要因地因时制宜。另一方面，要注重执法程序，突出乡村法治建设进程中的程序正义。“法律的正义唯有通过诉讼程序的公正才能真正实现，而程序公正是法律公正的根本保障。”[①] 在具体的法律程序推进过程中，要发动各方面力量推进乡村法治建设。同时司法工作、调解工作也要深入农村，要在调解、处理农民的法律纠纷中凸显其专业性。没有调查就没有发言权，要形成乡村特色的法治氛围，重要的一点是有必要熟悉乡村、进入乡村，这也有利于农村司法环境的健康发展。在处理乡村利益纠纷时，我们强调对人民调解制度的应用。当然，基层执法人员与普法人员由于直接面对农民，其工作的好坏直接影响到农民对国家法律的直观印象。更进一步说，他们的执法态度或者执法素养，直接关涉乡村治理中法治建设的具体工作。为此，我们要注重对乡村执法人员的执法技能培训，以建构执法人员与农民之间的良好互动关系。值得注意的是，乡村执法人员的特殊性不仅在于要掌握好与执法相关的基本业务知识与法律素养，更要对当地农村、农业、农民的情况相当熟悉。总体而言，建立健全乡村法律体系是一项庞大而复杂的系统工程。

四、着力推进乡村的经济发展

良好的法治环境氛围建构是以一定经济基础为前提的，而我国的乡村法治建设是建立在社会主义市场经济基础之上的。相对于城市而言，我国农村的发展相对较为迟缓，经济的不充分发展导致了法治意识等观念的相对滞后。改革开放以来，国家顶层设计上对“三农问题”重视，“美丽乡村建设”“新型城镇化建设”“乡村振兴”等国家层面的政策从根本上促进了乡村经济的快速发展。城市文明通过人口流动的形式辐射到乡村。乡村法治意识显著提升。因此，对于乡村法治建设而言，着力发展乡村经济是重中之重。需要指出的是，法治建设与乡村社会发展密不可分。首先，法律的完善有利于社会秩序的进一步规范，人们在法律的底线以上进行各种社会活动；其次，乡村社会的发展需要以法律为基本准绳。而法律是建立在一定的物质基础之上的，而不是独立的

① 谷口平安．程序的正义与诉讼 [M]. 王亚新，等译．北京：中国政法大学出版社，1996：112.

存在。乡村经济建设因为历史因素相对落后，倘若乡村法治建设缺乏必要的经济支持必然会影响其发展进程。因此，我们认为乡村治理中法治建设要与乡村经济建设协同发展，要建立开放性的乡村市场经济体制，要转换乡村农业经营模式，要敢于将农民推向市场，使其成为社会主义市场经济的竞争主体，从而真正实现农民自主。

五、践行社会主义核心价值观

乡村法治建设的具体实践要以乡村农民的精神文明建设为依据。而在精神文明建设的过程中，最重要的一环就是要培育和践行社会主义核心价值观。培育和践行社会主义核心价值观，意即倡导富强、民主、文明、和谐，倡导自由、平等、公正、法治，倡导爱国、敬业、诚信、友善，这是国家治理现代化从国家、社会、个人三个层面提出的要求。这与中国特色社会主义法治建设发展要求相契合，为此，在乡村治理中基层组织要认真贯彻落实党中央精神，一方面，要充分发挥社会主义核心价值观的凝聚力，要让乡村农民充分了解社会主义核心价值观的内容，要入脑入心，落实到行动上，并成为乡村精神文明建设的基本共识，用润物细无声的方式让农民自觉接受；另一方面，要让农民充分意识到法律对社会主义核心价值观的保障作用。以法治承载道德理念，道德才有可靠的制度保障。要坚持依法治国和以德治国相结合，让社会主义核心价值观的弘扬与乡村法治建设协同发展。

第四节　乡村法治的困境

一、乡村的法治建设相对薄弱

乡村社会的法治建设路径与国家治理的政策方针紧密相关。我们知道，在很长一段时间内，乡村社会处于一种“大国家小社会”的空间状态。特别是在改革开放之前，受计划经济影响，国家权力在乡村治理领域全方位地干预并发挥着直接作用。乡村法治的建设依附于国家政治安排。乡村领域内的大小事务都处在国家政治权力的直接管辖之中。这样的国家治理策略显然严重影响着乡村法治建设的进程，这时的乡村治理更多的是政治治理，在这样的时代背景中，行政计划、政治命令在很大程度上覆盖了乡村治理的其他层面。以此为基础的乡村法治建设自然无法发挥其应有的作用。改革开放后，乡村法治建设取得了快速发展，在很大程度上甩开了“计划”的包袱，乡村法治建设走上了以“民主、公平、自由”等为取向的社会主义法治化高速发展的道路。

乡村法治建设不是一蹴而就的，乡村治理的法治路径并未在乡村治理中占有相对主导的地位。首先，乡镇政府和村委会权责不清。《中华人民共和国村民委员会组织法》指出乡镇政府和村委会的关系并非领导与被领导关系，应表现为协助和相互促进的关联。该法第五条要求，乡镇政府不得干预依法属于村民自治范围内的事项。伴随社会主义市场经济的发展，政府职能开始由全方位管理朝着依法行政、引导服务方面发展，中华人民共和国成立至今“命令—服从”型的乡村关系逐渐为“乡政村治”的政治模式所取代[①]。乡镇政府作为国家基层权力机构，应按照我国法律的要求，在地区内执行行政管理工作，村民按照自身的意愿选举村委会管理乡村日常事务。村委会并非政权组织，其性质是一个自我管理、教育和服务的重要群众组织。其次，在乡村治理进程中，乡镇政府往往忽略其本应该发挥的引导和协助功能，过于关注对乡村的行政管理。受传统治理模式的影响，相当一部分村委会对乡镇政府职能认识不准确，导致乡镇政府权力扩大，村委会成为其下属机构，极大地削弱了村民自治。村委会基于乡村利益的考虑也一直在寻找机会拓展自治领域，但是如果没有乡镇政府的宏观引导和支持，很多工作难以有效落实。这样的职权弱化虽然有效地缓解了基层矛盾，但是削弱了乡村地位，乡级和村级治理机构执行工作的动力和水平也大幅走低。双方职权关系不清晰导致乡镇政府的行政管理能力无法充分发挥，同时也制约了村委会积极性和主动性的发挥。

---

①李翔，杜鹏．乡村治理的困境及路径选择 [J]. 安徽农业科学，2006（14）：350-352.

二、法治路径推进的策略失准

就乡村现行法治建设而言，《中华人民共和国村民委员会组织法》和《中国共产党农村基层组织工作条例》都将村党支部界定为村级各种组织和村级各种工作的领导核心。就其本质要义而言，依法治国的策略推进根本上要靠党的领导，这是符合我国国情的。但是，在基层群众性自治组织层面推进乡村治理的法治路径可能在观念上难以摆脱行政治理的旧思维，在效果上难免会打折扣。与此同时，就我国乡村治理的法治进程而言，有关农业和农村的法律、法规大多是原则性内容，而较少地涉及具体的可执行的策略。另外，由于法律体系的不完善，导致了某些法律条文在内容或要义上的不兼容，这从另一个侧面反映出了法制的统一性亟须加强，法律的整体和谐性亟待完善。我们可以看到在涉及乡村治理的基本法和单行法之间、法律法规与实施条例之间、原则规定与具体措施之间尚未完全配套，法律体系中出现了“断层”和“缺项”，主要表现在两个方面：一是涉农立法总量不足，有的领域还是空白；二是立法质量不高，反映“三农”客观规律不够，利益化痕迹明显，行政法规、地方性法规和部门规章缺乏约束力。这些都有待于新时代法治建设的进一步完善与发展。

三、乡村法治建设的动力不足

坚持党的领导是乡村法治建设顺利发展的核心所在。在乡村治理的法治化路径中，需要实现中央的权威集中领导才能保证乡村治理的科学决策。在全国乡村治理现代化进程中，只有乡村所在的乡镇党委和县级党委发挥关键支持作用，乡村治理的法治路径才能有实质性推进。在新时代背景下，对乡镇党委和县级党委工作考核方面，乡村治理的法治路径应该成为其绩效考核的重要指标。然而，现实是相关基层工作者没有对法治建设引起足够的重视，这导致虽然党的十八届四中全会提出全面推进依法治国的要求，但在基层政权层面，法治思维和社会治理的法治方式仍然没有发挥应有作用，其根本原因在于基层党委的推动力不足。同时，从乡村法治建设的作用对象分析，由于乡村农民法治信仰缺失，乡村法治建设受传统路径依赖影响，农民法律意识普遍不高、法治观念淡薄、法律知识不足，群众学法、懂法、用法的能力有限。大多数农民觉得只要自己不犯法，法律就是一个遥远的东西，殊不知法律已经影响乡村生活的各个方面。我们仍然会听到这样的案例，有的农民在其核心利益受到侵害时，要么采取以暴制暴的方式，要么自认倒霉，要么到处上访，却不知道利用法律武器维护自身的合法权益。而相对于农民，有的基层干部对法律有一定的认知，但对具体的政策研究不深入，往往是一知半解，他们在长期工作中养成了根据经验处理事情的习惯，惯于通过人情、民俗等展开乡村治理。法律知识匮乏导致有的村干部在解决纠纷时不知所措，习惯于听从上级的指令干活、凭着自己的感觉做事、仗着自己的权势管理。这些都导致了乡村法治建设的动力不足。

四、法治建设形式化特征明显

在我国法律的治理框架中，我国法律在乡村建设的各个方面都发挥着重大的作用。譬如，在乡村土地权属、林业权属、农业发展、环境建设、生态建设、个人权益保障等方面发挥着框架性的基础作用。然而，乡村治理虽然在法律的框架下运行，但法律发挥作用的程度严重不足，乡村治理的法治路径仅仅停留在形式上，而没有发挥它应有的功能。同时，由于传统人治观念与现代法治理念的矛盾，相对于城市社会，农村社会更加封闭，依据种姓聚集在一起的乡镇是一个熟人社会，熟人社会一方面容易形成团结的氛围，另一方面也容易让一切事务通过约定俗成的“关系”来解决。有的人认为疏通领导比遵纪守法更有利可图，由此出现“小官大权”现象。现代法治在公正和平等的环境下保障人民的权益，但一些群众即便知道法律的作用，也常常无法摈弃“官命不可违”的观念。

第五节 乡村法治的启示

一、最大程度地实现城乡之间的平等

(一) 实现城乡制度平等

平等是人类孜孜以求的诸多价值中的一种，是乡村治理中法治建设的核心价值体现。法国大革命后，《人权宣言》的颁布将平等视为人际行为的核心理念。在其条例中有如下记载，“在权利方面，人们生来是而且始终是平等的。只有在公共利用上面，才显示出社会上的差别”。很多专家从不同的角度描述平等的重要性：“平等是自然万物的萌芽，它出现在不平等之前，但它将会推翻不平等，取代不平等。这样，从社会的起源和终止这两方面来看，人类精神统治着现实社会，并把平等作为社会的准则和理想。”[①] 平等就其本质意义而言，它不是空中楼阁，平等意味着一种法律意识，一种制定法律的底线原则。随着人们对平等意识的重视，平等开始发展成为人们所恪守的原则、信念与价值坚守。可以说，平等对于我国的乡村法治建设意义重大。对于平等意识在法治中的核心地位，我国政府曾经在各种场合强调，要明确平等的重要性，要依法保证全体社会成员平等参与、平等发展的权利，要强调平等在法治建设中的首要意识。平等权是人们的基本人权之一，农民在乡村法治建设中的平等参与应是依法治国的题中之义。同时，法律的制定与执行是确保乡村治理平等的重要保障，换句话说，未实现平等权的乡村法治是一种未完成的法治。就宪法的根本要义而言，宪法主张“法律面前，人人平等”。这从立法层面上强调了人们在“立法、执法、司法、守法”等方面的平等性，然而由于存在贯彻落实层面上的“熵值效应”，平等意识在乡村法治层面上的层层落实还需更进一步加强，特别是在城乡平等的问题上。当然，需要说明的是，改革开放四十多年以来，

---

① 勒鲁．论平等 [M]. 王允道，译．北京：商务印书馆，1988：15.

我国在平等价值的落实层面获得了巨大的改善，我国已经实现或者部分实现了我们之前所涉及的各项平等权益。但随着新型城镇化的推进与乡村振兴战略的布局，城乡平等成为一个极其重要的公共议题。

对于乡村法治而言，优良的治理氛围极其重要。而以平等意识为优先价值取向的公共政策及其制度导向，有利于良好法治环境的塑造。在乡村具体的法治实践中，由于历史原因还存在一些政策性的平等事项。专家学者争议比较大的就是城乡二元制度体系，以此为基础的户籍制度等将城市、乡村从制度上割裂开来，在制度实施的前期阶段的确促进了城市的快速发展，但随着改革开放的深入以及乡村振兴政策的实施，这种城乡分治、以农补工、城乡隔离、城乡不平等的二元社会结构亟须调整。这种城乡两套标准的制度体系由于在户籍、身份上的标识，让人们在主观印象上产生了一种“身份歧视”，以至于产生了心理学、社会学所说的“社会排斥现象”。具体而言，在新型城镇化建设中，农民从乡村流动到城市，但“乘电梯现象”严重。所谓“乘电梯现象”通常是指在坐电梯时，先坐上电梯的人总是不希望后面的人乘电梯，因为会损害其乘电梯的舒适度，并挤占其生存空间。实际上，这就是不平等性在城乡治理中的典型体现。作为公共治理者，我们应该尽量避免这种人为歧视，实现公共资源的均等化、享用资源的平等性。据此，我们应加强立法并完善相关法律，使进城农民在公共资源配给、就业安排、义务教育、住房医疗和其他福利保障等方面实现真正的平等。

（二）实现城乡政治平等

城乡平等的现实政策安排还体现在政治权利层面。由于旧有制度路径依赖，农民也无法享受到与城市一致的待遇。以选举权为例，根据《中华人民共和国全国人民代表大会和地方各级人民代表大会选举法》的相关规定，各级人民代表的名额都是以一定人口数为基础，但城乡每一代表所代表的人口比例却不相同，即县、省、全国三级人民代表大会每一农村代表所代表的人口数分别为城市每一代表所代表的人口数的四、五、八倍。该法律随着时代的发展有过若干次修订，但总体来说农村与城市的选举名额仍有着相当大的差异。1995年该选举法经过进一步修正，虽然数量上逐步减少乡村与城市之间的差异，但比例还是倾向于城市的。换句话说，在政治选举中，相当于四个农民才顶一个城市居民。这种政治上的选举比例的差异就直接导致在政策决策中，代表农民阶层的代表人数比例明显低于城市，乡村农民利益的表达声音最为微弱。针对这种乡村与城市的代表比例差异，有学者认为，“我国选举权的平等性，着眼于实质的平等，不是形式的平等……这种规定，是为了保证和加强工人阶级在国家政权中的领导地位，保证各阶层都有足够的代表，从而使我国国家政权具有广泛的民主基础”。[①] 可见，平等不应只是总说在口中的观念，而应该落实在乡村治理的各个环节之中。

（三）促进城乡收入分配平等

促进城乡收入分配平等是新时代治理现代化的一个重要目标。总体而言，城乡不平衡是发展机会的不平等、公共资源配给的不平等所造成的。近些年来，随着我国对乡村治理重视的逐步加强，政府在推动城乡公共服务均等化方面付出了极大精力与心血，对于公共资源的供给精确到了“最后一公里”。然而，城乡间的不平衡，尤其是收入的不平衡不是现在才有的，因此解决此问题也不是一蹴而就的，现有统计数据表明城乡之间收入差距还很明显。我们认为，改善城乡之间的收入不平等的着眼点在于促进城乡的各种机会平等。

首先，在新的时代背景下进一步完善相关财政与税收制度与政策，在乡村治理的环节中，可适当增加关于乡村公共基础设施、乡村民生工程、乡村社会福利活动等方面的政府开支，增加乡村治理在社会保障方面的经费投入占比。我们知道乡村消费水平、收入水平的提升在很大程度上依赖于乡村社会保障体系的完善程度，因此我们要增加对乡村社会保障的投入，进一步降低城乡之间的经费投入差距，以有效保障财政支出的公平性与透明化。同时，还要进一步

---

① 蒋碧昆．宪法学 [M]. 北京：中国政法大学出版社，1994:134.

完善个税，强调税制的公平性。此外，将农村转移支付与受助者贫困程度挂钩、增加教育财政投入，特别是基础教育财政投入，改善城乡间教育机会失衡。

其次，要继续推进公共产品供给的“最后一公里”建设，城乡差距的直观表现在于公共基础设施的供给问题，也正是由于乡村公共产品的不完善，农民才会从乡村来到城市，试图寻找好的公共物品，诸如，公交系统、图书馆、医疗资源等。因此，我们有必要完善农村基础设施和软公共产品建设，而且应根据公共产品供求关系来调整供给结构，就现在的乡村法治而言，要注重乡村财政体制的完善、缩小城乡教育差距、增加对低收入群体的教育扶持等。

最后，要破除乡村收入的阶层凝固化。在乡村治理中，我们必须关注到的一点是，乡村的发展是一个历史变迁的过程，也是诸多利益主体互动博弈的进程。而其中最重要的一点就是要破除乡村收入的阶层凝固化。乡村收入的分配也存在着阶层的均衡性问题，乡村精英因掌握更多的公共资源与政策信息，在乡村经济活动中总能得到更多的政策实惠，因此政府主体要打破这种精英利益固化的收入分配格局。同时，乡村收入还存在代际收入的流动性问题，为此，我们要进一步加大对乡村公共教育资源的投入，促进公共服务均等化的实现，要在人力资源的流动上保持其开放性与平等性，不戴有色眼镜去看待任何求职群体，以增加乡村弱势群体的社会参与机会，当然这除了需要政府的公共宣传，还需要相关社会企事业部门提高认识。

二、促进农民民主、自由的有效实现

（一）让农民从行政束缚中脱离开来获得更多的自由

传统对于乡村治理的分析是从“国家—社会”的治理框架出发的。而这种框架的预设在于乡村治理是以国家强大力量的干预为前提。正是因为这种“强国家弱社会”的治理模式，乡村治理更大程度地受国家政策结构规制与相关行政体制束缚。在这种行政体制下，压力层层向下传递，不仅造成了乡村关系行政化，还打开了各项不合理收费的潘多拉盒子。这种行政资源极度集中的体制在一定程度上造成了乡村关系的失范、公共服务治理的相对缺失与行政成本的大量提升。为此，有学者指出，“问题的根子显然在于县乡公共管理体制本身。这个体制的深刻矛盾在于一方面是传统农业和农民对公共品的低水平的需求，另一方面是产值巨大而效率低效的政府对公共品的供应。这种供需间的不平衡才是危机发生的直接原因。如果说上级政府对县乡财政危机要负主要责任，那也不是上级政府抽取了资金，而是它维持着县乡的不合理的公共管理体制”①。也有其他学者认为之所以出现这样的情况是由于乡村自治以及制度上存在的缺陷、在实施上存在的拖沓所造成的。乡村治理的多元利益博弈尚未达到理想的平衡状态。在新的时代条件下，要改变乡村治理结构性困境，积极转变乡村基层政权的相关职能是首要选择。新的乡村法治化在很大程度上要打破计划经济时代的各种制度安排。我们知道，以往的计划经济出于国家政策的需求取得了一定的短时效益，但随着时代的发展，计划体制不能适应发展了的生产力的高度需求，在生产、政治层面上都极大地束缚了农民的自由。而乡村治理意味着乡村基层政权要直接面对农民的各种诉求与利益。对于乡村法治化而言，增加农民的获得感与幸福感，让其在一定的社会主义法治框架下得到完全的个人自由与充分的个性发展是乡村治理的追求与目标。

作为乡村法治主体之一的农民，对于自由的诉求是与乡村公共治理状况联系在一起的。人的自由而全面发展，离不开其所存在的社会环境或者说是组织环境。自由既意味着自身的独立自主，也意味着不去干涉别人和被别人干涉，它更多地反映着人们对人的个性解放与追求真我的主观认知，体现着一种以人为本的人权尊重。受封建体制以及长期计划经济体制影响，有的乡村农民形成了一种国家依赖心理。在计划经济时期、人民公社时期，农民乡村生活的各个层面都受到国家体制的影响与束缚，人们的迁徙自由、择业自由等自主权在宏大的国家干预中消失殆尽，这时候农民的身份关系大多依附于政府，乡村关系存在失范。改革开放以后，国家对农民的束缚有所松动，有些旧的束缚逐

---

① 尹冬华. 从管理到治理：中国地方治理现状 [M]. 北京：中央编译出版社，2006：186.

渐淡化或者消失，例如户籍制度虽未取消，但有些省市已经取消了农村户口和非农业户口的区别，农民也获得了一定程度的自由，如进城务工等，但也出现了一些新的限制。这些新的限制可能极大影响着农民市民化的进度。就目前发展形势而言，农民在迁徙、居住、就业等方面有了比以往更好的选择，但是进入城市后，农民的人身自由、经济自由和财产权利尚未得到充分的保障。在乡村法治的实践环节中，我们可以清晰地看出这些束缚还依然存在。在乡村治理环节中所存在的村财乡管、给村干部设定各种目标和任务、派出包村干部等措施，无一不是加强对村民的控制、强化垄断体制的一种体现。基于此，乡村法治化的要义在于通过更多的制度、程序等规范解决“政府失灵”的问题，让农民在经济、政治活动中获得更多的自由。

（二）让农民从政府的行政干预中解放出来获得更多经济自主

在社会主义市场经济条件下，农民的日常生活逻辑有其自身的运行规律，以往的农村生活在传统权威的规制下正常运转，而新时代的乡村治理则更多地依赖于法治，农民以法律为乡村生活的基本准绳，在此基础上，农民享有经济上的自由，能够成为自己生产和经营的主人。从生产者与生产资料的关系来看，随着科学技术与时代的进步，过去农民所赖以生存的唯一生产资料——土地归集体所分配，农民的身份关系更多地依附于政府。而就现实而言，现在农民的生产经营活动方式多样化，同时，农民更多地具有迁徙自由与择业自由。政府不可能也没有必要统一安排全体公民的生产与生活。“确认和保障公民经济自由的目的就是通过公民利用自己的有限资源，在对他人无害的条件下对自身福利最大化的需求，使得各种资源得到最有效的配置，进而促进整个社会福利的增长。”[①] 我们所认为的经济自由亦即在市场经济环境中，打破行政或者贸易等进入壁垒，在市场中能够无差别地跟其他市场主体进行竞争、签订合同等正常的经济活动。就我国乡村治理而言，要实现农民的经济自由要做到以下两

① 肖泽晟．宪法学：关于人权保障与权力控制的学说 [M]. 北京：科学出版社，2003：212.

个方面：一方面，要求公共资源的控制者和公共权力的掌控主体——政府能够充当“有限”政府的角色，不能以行政手段过多地干预生产者、消费者及其交易；另一方面，作为乡村治理的主体——政府还应承担“责任”政府的角色，通过自身的权限最大限度地保障农民的经济自由免受其他社会力量的强制。诚如哈耶克所言，“自由意味着始终存在着一个人按其自己的决定和计划行事的可能性，此一状态与一人必须屈从于另一人的意志（他凭藉专断决定可以强制他人以某种具体方式作为或不作为）的状态适成对照”“‘自由’仅指涉人与他人间的关系，对自由的侵犯亦仅来自人的强制”[①]。

对于政府而言，为保障乡村农民的相关自由权利，应以构建“适度”政府为目标，在具体行政行为中要做到“有所为有所不为”。“有所不为”，即政府在宏观领域充当“夜行警察”的作用，以最大限度保障农民的各种自由，不要扰民，与民休息。“有所为”，即在公共利益的维护、公共资源的分配、公共物品的提供上“积极行政、尽职尽责”。农民在乡村日常生活中，既对政府未来规划抱有无尽期望，并享受着政府提供的公共资源与社会保障，但同时又不希望政府在经济上或生活中过度地去打扰他们。我们认为新时代背景下的乡村法治建设的终极目标是通过各项法律制度的完善与乡村治理程序正义的实现最终凸显农民的自由而全面的发展。乡村法治如何建设、怎样建设，都应该以农民的自由权利为改革要义。在以往的乡镇政府建设中，往往将乡镇政府定位于中央在乡村基层的代言人，并逐渐形成了乡镇政府的利益倾向，由此导致了基层政府更多的审核管理权限对农民的控制越来越紧、农民的自由和权利越来越少。由此引发了一系列失范行为——乡村关系的行政化、“三乱”（乱收费、乱摊派、乱罚款）的合法化、土地征用中的不法行为等。但是，限制政府权限的目的不是搞“无政府主义”，或者说是将农民的自由无限扩大到“法外之地”，而是要将权力关在制度的笼子里。乡村法治化进程归根到底还是要充分发挥农民的主观能动性，逐步提升其法治意识，走民主自治的道路，不论具体措施有

---

①哈耶克．自由秩序原理 [M]．邓正来，译．北京：生活•读书•新知三联书店，1997：4.

多少，乡镇改革的最终目的只有一个——保障农民自由，实现农民的全面发展。保障农民自由须从规范政府权力开始——限制政府，保障民权——这既是当前解决乡村关系失范的必然要求，也是法治国家发展的普遍规律。

三、保障农民作为生产者的合法权利

(一) 农民与土地关系的法理基础

一直以来，描述农民生产力的大小总是基于对他所占用的土地数量进行分析与测量。习近平总书记指出，中国的改革是从农村开始的，农村的改革是从农民与土地的关系开启的，新形势下深化农村改革，主线仍然是处理好农民与土地的关系。农民与土地的关系事关农村改革发展的全局，研究解决好这一课题意义重大。追本溯源，农民与土地的关系从本质上来说意味着农民在进行生产劳动过程中所拥有的与土地相关的各种权力及建立在这些权力基础上的相应的利益。从表现形式上来看，农民与土地的关系从表象上反映的是人与自然的关系，而现实中它更多体现的是人与人之间的双向互动关系。马克思主义经济学认为生产资料与生产关系、生产者三者之间互为影响，农民对其生产资料土地的使用情况决定其在生产中的地位、产品分配等经济关系、经济地位。与此同时，一定的经济地位与以此为基础的经济关系又不断地重构着生产者在社会生活中的社会地位。可以说，农民与土地的关系处理得怎么样最终决定着乡村治理顺利与否。在过去，对于土地无限制地征用是乡村治理中管理主体失范行为的一种典型体现，由于权力的滥用也直接导致了乡村基层公共部门与农民利益的冲突。国家法律关于乡村土地的相关定义刚开始是存在着一定的制度漏洞的，农民在具体的生存生活环节中无法完全保障其基本权利，或者说农民的土地权利的保障在改革开放前期尚未得到国家法律的足够重视。1982 年宪法明确规定，“中华人民共和国的社会主义经济制度的基础是生产资料的社会主义公有制，即全民所有制和劳动群众集体所有制。”第六条第一款：“国营经济是社会主义全民所有制经济，是国民经济的主导力量。国家保障国营经济的巩固和发展。”同时还指出，“社会主义的共有财产神圣不可侵犯。”“国家保护社会主义的公共财产。禁止任何组织或者个人用任何手段侵占或者破坏国家的和集体的财产。”基于这样的法理前提，中国建立了国家所有权优先的原则。宪法从法理意义上规定了国家是唯一的土地所有权人，而集体所有权则得到一般的保护，其权利的存在应服务于国家的需要，作为个体的农民则不享有土地所有权。这种土地所有制体现和适应了计划经济的要求，而与土地关系最为密切的农民在集体的名义下享有有限的经营权。这样的法理要义在以往的历史条件中一方面明晰了土地的所有权限，但另一方面使得农民在生产过程中的某些生产权益得不到很好的保障，在经营乡村集体土地时得不到政府部门的充分尊重与保护，常常由于国家政府规划或基于公共利益的需求而被无偿征用土地，这使得农民在很大程度上依附于国家、集体，他们对自己的生活需求必须囊括在政府的计划之中才显得更有安全感，农民的人身自由、经济自由与私有财产权利亟须得到相关保障。时至今日，农民与土地的关系在国家治理现代化的背景下被放到了一个极其重要的位置，国家通过《中华人民共和国农村土地承包法》《中华人民共和国物权法》等相关法律开始正确处理农民与其生产资料——土地的关系。这同时也是乡村法治的法理基础。

（二）农民土地所有权的宪法价值

人身自由、精神自由和经济自由是近代宪法的三大自由①，而对于乡村农民而言，所谓的经济自由，更多的是指财产免予干涉的自由，宪法意义对财产权利的表述，即私人享有的对抗公权力的经济自由。在改革开放甚至是在中华人民共和国成立以前，土地等其他社会财富的所有权是被统治阶级集中控制与分配的，基于财产所有权的分配关系，自然法代表人物洛克把人拥有生命自由和财产的权利视为人与生俱来的权利，“自然是共有物，而人的身体和劳动则

① 林来梵．从宪法规范到规范宪法：规范宪法学的一种前言 [M]. 北京：法律出版社，2001：78.

为私有物，一旦人们在共有物中掺进他的劳动，就可以排除与他人的共有权，从而获得他的财产”[①]。因此，我们应保障农民的土地权利。就世界范畴而言，对土地所有权的重视是一个普遍性话题。

诚然，在新时代农民作为土地的使用者在我国已经得到了根本的法律保障时，不宜简单地推行土地私有化。这符合我国乡村法治的现实，但时代是发展的，土地制度也会相应地做出变革。我们需要指出的是，土地成为农民的社会保障是由于我们没有覆盖全民的社会保障体系。公共管理者要加强对农民社会保障的相关制度建设，而不是一味地关注于农民土地所有权限问题。当农民的生活物质水平得到极大提升时，我们应该最终把农民与土地的关系统一起来，并最终把土地的使用权牢牢地跟农民联系在一起。当然这些举措最为重要的是有利于提升农民的获得感，而新时代的乡村治理的最终归宿也在于提升农民的获得感与幸福感。

（三）农民私有财产权的法治价值

农民私有财产权的关注是伴随着新农村建设以及三农问题的研究而衍生出来的，这里主要涉及正当性的论证问题。在私有产权论证上我们主张强调正当性原则，首先基于私有财产权作为公权力的对立领域，是农民享受自由权、经济权、政治权限的核心内容。尤其是我国物权法的颁布，从国家法理意义上设定了财产权成为神圣不可侵犯的权利，特别是以所有权为聚点的财产权具有了绝对的意义。其次在于乡村治理中农民的私有财产权在程序或内容上体现出受国家限制。那么，私有财产权需要接受限制的正当性成为学者研究的关注焦点，经过议会民主制度的实践论证，以《魏玛宪法》为代表的立宪实践将公民财产权需要接受公共利益的限制变成了立法事实。但是，在我国乡村治理的法治化进程中，以农民的公共福祉作为根本出发点，农民私有财产权接受国家的限制虽然为理论和实践认可，但是公权力对财产权的限制也需要正当性的立

① 洛克．政府论（下）[M]. 北京：商务印书馆，1964：18.

意，需要构建一套为国家行为限制公民财产权的评价体系。

就乡村农民而言，国家对于乡村土地与农民的关系问题一直是延续下来的争论话题。人格上的独立究其根源要有经济上的独立，独立的经济是农民全面自由发展的基础，也是农民提升其基层自治能力的根基所在。不仅如此，农民私有财产权还是生存权和发展权的基础。生存权和发展权是首要人权，抛却以上两点，其他一切权利都是空中楼阁。新时代的乡村治理，首先应当重视对财产权的保护。基于此，2020 年 5 月 28 日，《中华人民共和国民法典》公布，自 2021 年 1 月 1 日起施行。

四、合理重构乡土社会公共治理秩序

在我国新时代乡村振兴的背景下，通过法治建设来实现乡村治理，无疑是改革开放四十多年的重要经验。需要说明的是，我国乡村场域的法治化进程是在现代化视域中被予以证成的，它通常是作为现代化与市场化一种辅助性的制度手段或者机制得以重视。党的十八届四中全会通过的《中共中央关于全面推进依法治国若干重大问题的决定》指出，社会主义市场经济本质上是法治经济。从法治的本体意义而言，它更倾向于是一种被抽离了实质内容的韦伯所倡导的形式法治，或者说仅仅是一种治国工具和市场的辅助机制。基于此，这种立法主义特征的法治在现代宪法理念之下，应当接受合法性的检验。哈耶克就曾强调，“现代社会进行刻意变革的主要工具乃是‘立法’，但是，无论我们事先对每一单独的立法法案考虑得多么周全，我们都绝不可能随心所欲地对整个法律系统进行全面的重新设计，或者说我们绝不可能依照一个自洽一致的设计方案对它做一番彻头彻尾的改造”[①]。

由此可见，在宪法的视野下理解乡村社会的法治建设或送法下乡的行动策略，关涉“法律”本身的性质、价值问题。正如我们所强调的“基于立法者

---

① 弗里德利希 • 冯 • 哈耶克 . 法律、立法与自由 [M]. 邓正来，张守东，李静冰，译 . 北京：中国大百科全书出版社，2000：100.

统治”容易让立法者既是裁判员又充当运动员的角色，这对于乡村法治的进程会带来不可估摸的影响与危害，而有学者对此提出相应的策略，即“当法治转变为立法者统治时，总的来说也就打开了通向最巧妙的压制形式的方便之门：‘以法律的名义’进行的压制。我认为，补救之方就是重新觉醒，回到立宪国家”①。而亨廷顿则认为，“首要的问题不是自由，而是重建一个合法的公共秩序。很显然，人类可以无自由而有秩序，但不能无秩序而有自由”②。为此，重构乡村秩序成为一种必然选项，而这种建构需要以法律制度的建设为基础，以平等、自由、民主价值为基本导向，在政府的宏观指导下建构起符合人性的，实现城乡平等、保障农民自由和权利的新秩序。

（一）破除城乡二元壁垒，落实宪法精神

城乡壁垒将城市与农村割裂开来，并将生产要素与人口流动相隔而成彼此不同而又相互联系的二元世界。随着社会主义市场经济的发展，城乡一体化作为一种国家政策从法理上来说具有宪法意义。为了破除城乡壁垒，落实宪法精神，我们应开放乡村诸如生产劳动力、土地要素、现代科学生产技术在城乡之间的合理流动，尤其是随着新型城镇化的开展，人们不断地从农村来到城市，但由于受城乡二元体制的限制，其在户籍制度和社会保障水平以及其他公共基础服务的享受上与城市居民差异明显。然而，我们清晰地知道，从宪法意义而言，乡村与城市人口在法律面前一律平等。为此，在乡村治理过程中出现的社会排斥现象以及对农民的身份歧视等都只有通过拆除城乡二元壁垒才能得以彻底实现。更为重要的是，我们要通过法律的形式将这些理论意义的平等贯彻落实并持续实施到乡村法治治理中来，“必须使这种制度和法律不因领导人的改变而改变，不因领导人的看法和注意力的改变而改变”③。

---

①乔·萨托利．民主新论 [M]. 冯克利，阎克文，译．北京：东方出版社，1993：336.

②塞缪尔·亨廷顿．变动社会的政治秩序 [M]. 李盛平，杨玉生，等译．北京：华夏出版社，1988：8.

③邓小平．邓小平文选第三卷 [M]. 北京：人民出版社，1993：333.

1. 真正消除城乡二元户籍的不平等，从宪法意义上实现迁徙自由

从全世界来看，只有中国、朝鲜和贝宁三个国家在城乡的户籍设定上有着严格的差异；从历史来看，农村反哺城市，农业支持工业，农村农民在改革发展的进程中做出了巨大贡献；同时，国内理论界也纷纷提议废除户籍制度。从实践层面来看，许多城市已经模糊了城市与乡村的制度边界，在教育、医疗、养老等方面实现了最大化的平等。与此同时，我们提倡从宪法意义上实现迁徙自由。人力资源等生产力要素的合理流动对于人力资源的合理配置，实现帕累托最优，促进城市经济的发展作用明显。1954 年，宪法中曾经规定了“公民有居住和迁徙的自由”，但这种宪法意义的自由需要相关基层配套服务的实现才能得以真正落实。我们需要在宪法中重新强调迁徙自由，并配套相关落实制度。迁徙自由意味着农民得以摆脱他所赖以生存的土地，为了更好的生活或者说是为了改变过往的生活而来到城市。当农民获得了真正意义上的迁徙自由，“物”的城市化才能够真正转变为“人”的城市化。

2. 完善全民覆盖的社会保障体系

改革开放四十多年来，我国的社会保障体系得到逐步完善，人们所享受的社会保障服务越来越多，但是就现行社会保障制度设计而言，受传统路径依赖影响，仍然保留有计划经济时代所形成的城乡迥异，并且农民与城市市民之间的社会保障水平存在明显差异的“二元”社会保障制度境况。尽管从我们所统计出来的那些特定函数特征没有完全证明现有城乡差距对乡村稳定及其法治化进程的绝对影响，但以往社会改革的经验告诉我们，未雨绸缪是上策。从世界意义来看，我国农村的社会保障水平已经落后。就政府的公共管理职能而言，社会保障是政府的基本责任，即政府有义务为全民提供维持基本生活的社会保障。更为重要的是，政府要尽可能保障本国境内的公民平等享有政府提供的社会保障，不能存在歧视或差别。这些社会保障范围内的平等要义已经在《世界人权宣言》《经济、社会及文化权利国际公约》等人权国际公约中共同约定。在现阶段我们认为社会保障制度要建立“二元到三维”的目标模式，即

建构起由以往城乡二元保障体系到以后我国城乡统一的法定的基本保障、由省（市）级统筹的补充保障、以商业性保障为主的附加保障三个维度的社会保障体系。

（二）促进利益表达，强化司法救济

1. 畅通农民利益表达渠道

农民相较于城市市民而言，本身存在先天的利益表达弱势，他们或者因为表达能力有限，或者由于表达平台缺失，一些真实的境况或者说是利益诉求不能及时地反映到政府决策层面，这在某种程度上导致了资源的高度集中、利益博弈的相对失衡、人际关系的紧张与社会冲突增加。畅通农民利益表达渠道，有利于农民在日常生活中以相对便利的方式将自己的利益诉求规范地表达出来，这一方面增强了农民真实意愿表达的具体实效，另一方面在一定程度上促进了社会和谐，人们通过合理化的利益表达、利益博弈达到一定的利益均衡。因此，我们应该不断拓宽农民的利益表达渠道，确保农民"四个民主"的顺利实施。

2. 完善司法救济机制

对于乡村公共生活中的农民来说，"有权利必有救济，无救济则无权利"。救济机制是权利实现的重要保障。尽管在行政诉讼中农民需要花费更多的精力，但是通过程序正义的合理实现，我们可以获得更为稳定的公共秩序。为此，我们可以通过完善法律体系，以获得较好的司法救济。第一，完善村民自治法。村民自治作为中国特色社会主义建设在乡村基层的深刻体现已经有了四十多年的经验，相关理论研究在道德上、法理上、社会学上、政治学上、管理学上都有丰富的研究材料，而诸多材料证明了乡村自治法律在新的历史条件下要有新的调整与完善。《中华人民共和国村民委员会组织法》以及相关的《中华人民共和国村委会选举法》要在实体和程序两个方面得以平衡，随着新型城镇化的推进，相关法律要与城市文明相衔接，要建立全国范围内统一的村民委员会选举法。第二，要促进乡规民约与国家法的耦合与匹配。乡规民约作为维护社会公共秩序的传统手段一直以来受到统治阶级的重视。在传统熟人社会，乡规民约作为处理乡土社会公共生活的唯一重器发挥着重要的规约作用。新的时代背景下，乡规民约作为与国家法相对应的法律补充制度理应继续发挥其稳定社会公共秩序的功能。然而在具体实施环节，乡规民约存在与国家法不一致的地方，这个时候我们不能简单地否定，而应具体分析，吸收乡规民约的合理性内容。同时，在一些适当的乡村人际交往领域，政府不宜过多地干预乡规民约，“让政府的归政府，让民间的归民间”。

第三章　改革开放以来乡村自治的模式与启示

乡村自治是我国民主政治的重要组成部分，也是我国农村民主政治发展的生命力所系。中国乡村自治对于基层民主的发展具有重要的意义，因为“在中国，民主如果不进入占人口大多数的农民的日常生活中，就缺乏牢固的根基。我们也不可能专门开办学校对亿万农民进行民主培训。提高农民民主素质的最好学校只能是民主实践”[①]。可以说，我国乡村自治进程中的民主实践活动不仅能够直接提高村民的政治参与能力，创新中国农村基层民主发展的实践模式，而且对于乡村各项事业的发展也具有重要的促进作用。在新时代的背景下，怎样根据乡村民主法治的实际情况，更好地推动乡村自治的发展已经成为中国民主政治发展面临的重大时代课题。

第一节　乡村自治的历史进程

乡村自治不是一蹴而就的，而是有着其客观的发展规律与历史进程。自20世纪80年代开始，乡村自治在广大农村犹如一场“静悄悄的革命”渐成燎原之势，全国各地乡村纷纷顺应时代发展潮流自发按照法律规定设立村民委员会，通过制度的设定自我管理乡村基层事务。显然，乡村自治是农村基层民主进程中的一大创举。乡村居民依靠自己在乡村公共治理中初步实现本村的自我

① 徐勇．乡村治理与中国政治 [M]. 北京：中国社会科学出版社，2003：49.

管理、教育和监督，并尝试摸索多元共治的创新型社会管理制度。

一、乡村自治：传统与现代的递嬗

传统与现代历来作为一种分析视角而被人们所区分，自德国社会学大师马克斯·韦伯以来，在政治学的话语体系中，传统与现代作为两套泾渭分明相互对立的价值体系和制度体系而存在。值得说明的是，这两者视角的不同使得人们在乡村公共治理中保有不同的政治立场与行为策略选择。然而，随着时代的发展以及人类对遭遇的历史变故的反思，传统的历久弥新在当代思想界已经受到越来越多的重视。费孝通先生认为："强调传统力量与新的力量具有同等的重要性是必要的""因为中国经济生活变迁的真正过程，既不是从西方社会制度直接转渡的过程，也不仅是传统的平衡受到了干扰而已。"[①] 曹锦清教授也指出："传统从来就是一种现实的力量，它既记录在历代典籍之中，也活在人们的观念、习俗与行为方式之中，并直接影响着各项制度的实际运作过程，不管这些制度是用什么样的现代名称。"[②] 这意味着，传统习俗与文化的复兴对于乡村治理的制度设计有着极其重要的意义，在乡村治理的顶层设计中，公共治理者应该充分意识到这一点以取得制度上的合法性资源。

（一）乡土社会的传承性与适应性

在乡村治理实践中，我们承认传统作为乡土社会演进理性与秩序的记录和表达有其合理性和有效性，传统无疑是必要的。传统是由乡村治理环节中治理主体所历经的生活片段所组成的。其中，合理性主要是针对价值评价而言的，有效性则是针对执行效果而言的。将乡土社会传统中的合理因素进行"创造性转化"，使其较好地融入现有的乡村治理之中，从而将乡村社会纳入国家治理的视野之中以增强国家与社会之间的二元互动，这是势在必行的道路选择。从本质上来看，乡村在我国历史发展的进程中长期处于一种封闭状态，至

---

① 费孝通．江村农民生活及其变迁 [M]. 敦煌：敦煌文艺出版社，1997：9.

② 曹锦清．黄河边的中国 [M]. 上海：上海文艺出版社，2000：121.

少在改革开放以前，我国的乡村自治和社会秩序保持了长期的高度的稳定。改革开放以来，国家权力向乡村社会渗透与扩张，传统价值在现代文明的辐射与国家力量的影响下，使得乡村社会面临着一种经济社会文化秩序的转型，这体现在乡村治理中最明显的是传统与现代两种话语体系的对话与比较。

在悠久传统的我国乡土社会，历史延续以一幅幅生动的画面呈现。在不同的地缘结构中，不管是风俗习惯、价值理念还是生产方式、知识话语体系都各不相同，并呈现出一定的适应性。譬如在《民事习惯调查报告录》一书中，我们发现书中所记载的风土人情，各有所异，更让人庆幸的是我们看到许多少数民族的习俗虽然历经沧海桑田，但流传至今者有之，移风易俗者亦有之，即便有统一之官方政策颁行，不同反馈场域也使得政策产生众多之地方性变异，让人不得不认真对待。可见，乡村发展实际上存在某种自适应性。我们也曾查阅《清稗类钞》中所涉“风俗类”一册(第五册)，风物迥异，令人感慨。各地之婚丧嫁娶、组织结构，情态百出，各有意味。而皆关乎地理构造、劳作方式之异质。即便“礼物的流动”，亦千姿百态，令人叹为观止。

邓正来教授在反思运用“国家与社会”框架研究中国社会的局限性时，就特别强调国家的异质性，指出：“我们根据国家非同质性的考虑出发，便会发现，这种在国家与社会研究框架支配下的研究，实际上遮蔽了这些乡村国家机构与乡村社会之间在知识体系进而在行动面的相同性要远远大于这些乡村国家机构与其上级或都市国家机构之间在知识体系进而在行动层面的相同性的事实；与此同时，象征现代性的都市社会与现代性力图变革的乡村社会之间的非同质性亦更加凸显。正是在这个意义上，我们有可能触及学术研究中的一个更为一般性的问题，这就是如何处理分析概念的整体性及其限度的问题，而毋庸置疑，国家与社会研究框架中‘国家’或‘社会’这两个同质性和整体性的概念，当是我们在今后的研究中需要加以认真反思的问题”[①]。

① 邓正来．“国家与社会”研究框架的建构与限度：对中国的乡土社会研究的评论[M]//王铭铭，王斯福．乡土社会的秩序、公正与权威．北京：中国政法大学出版社，1997：608.

（二）现代法理制度与传统权威的博弈

对于乡村自治中的村民来说，由于封建统治的时间过长形成了一种国家依赖心理，再加上在公共政策的制定过程中缺乏参与的角色实践，因而在公共治理中长期无法独立承担起治理主体的角色，缺乏鲜明的主体意识与参与热情，这在很大程度上导致了他们在国家治理现代化中无法完全发挥其应有的价值，这也在一定程度上让乡村治理的多元化参与成为一种迫切的需求。从乡村治理的实践过程来看，参与渠道的畅通性与参与机会实现的实然性还需要增强，这也间接导致了乡村社会的形式主义色彩。形式主义的实质性表达在于“新”“旧”形态的混合，以“新”之表，行“旧”之实，这是社会转型过程中多元意识碰触所产生的结果，是任何国家社会转型过程中的常见现象。一方面，传统的诸多价值在现实乡村治理中能够发挥效果；另一方面，传统在中国当前处于一种失落的状态，对比改革开放前，从传统权威的力量而言，传统的叙事话语日渐被现代性所遮蔽。在乡村民主选举进程中，部分村民由于长期处于政治冷漠状态，对于选举参与投票意识不强，而与此相对应的，有些村民抱着侥幸心理，在选举中不惜拉帮结派，沦为乡村精英钩心斗角的工具，乡村治理在多元利益博弈中进行，而那些暗箱操作行为在很大程度上破坏了选举的公平性，这也更加加剧了部分村民对选举制度的冷漠情绪，并引发其对制度叙述的真实性表示怀疑和缺乏信心。此种心理的恶性循环将使乡村制度具有形式主义色彩。

由于我国乡村治理正处于社会发展转型期，这使得国家权力在向乡村社会推进时必须采取“制度对话”的方式才能得以展开。换句话说，要在乡村治理正式制度的设计和推进过程中找到并融合符合该项制度的目标模式和预设价值的本土资源。我们很清楚地知道，任何制度都是静态的，它总是落后于它所处的时代，但这丝毫不干扰我们制定并实施某项制度的意愿。因为相比制度的失效性，其减少交易成本、提升公平意识方面的优势让乡村治理更为有效。就其实质而言，它绝非一种脱域性的纯粹的知识游戏，而总是深深镶嵌在该制度所要实行的特定的社会文化语境之中，并与其他社会规范相配合，共同体现特定时空中的基本价值观念。因此，按照苏力的说法，国家的正式制度必须要充分尊重“本土资源”，并从中汲取合法性与理性的力量，并在此过程中促进正式制度的变迁乃至于进步。

二、从星星之火到燎原烈火：乡村自治的衍化图景

随着国家治理现代化意识的提升，国家力量的强势介入，以及由此推进的乡村基层民主建设，原有乡土生活发生了翻天覆地的改变。但相对于城市而言，农村经济模式的开放性远远落后于城市工业化的进程。直至20世纪四五十年代，我国乡村的农业经营显然是分散的、落后的。科学技术的落后、村民购买力低下、投资渠道的稀缺以及经营理念的封闭，使得村落经济濒临崩溃；农村赖以生存的土地问题因人口的压力和占有的不均而十分严重，农业生产因市场的凋敝而难以维系，村民的生活日甚一日地艰难。这就是人民公社即将生长的那片土壤。

人民公社制度可谓适应了当时的国家需求，在当时一味提高生产产量、提升国内生产总值的重工业时代，对实体经济的巨大提升可谓是功不可没。但随着乡村社会的不断发展，人民公社体制已然束缚了生产力的发展，乡村社会秩序陷入了混乱之中。

（1）社区权力的集中。当农村由人民公社体制变更为行政村体制后，其治理模式和政府的权力结构依然保持着高度集中的特点。虽然村民自治组织已有其合法性基础，但是基层政治还是对其进行支配和领导，村民组织的主要任务还是执行行政命令。从这方面看，村只是国家基层政权的延伸。20世纪80年代开始实行的差额选举制度有利于培养农民的民主意识，但这一制度实际运作的界限是不妨碍集中的权力，一旦超出这一界限，这一制度本身就会受到权力的干扰。集中权力发挥着社会聚合的功能，它使农村的许多重大改革得以推进，也使得农村经历巨大的变化而保持着社会的稳定。

（2）利益的调节。人民公社抑制了民众对于财富的欲望，长期形成了不符

合生产关系的平均分配主义，而改革的核心在于对这种天性的解放，从而在乡村之中引发了前所未有的对于资源的竞争和财富的争夺。如果说传统自然村落的资源竞争主要由传统村落文化调节的话，那么，在超出村落的竞争中，村落文化即使还起着作用，其作用也是十分微小的。由此政府行为的介入在原始村落之中便显得举足轻重。政府依靠自己的权威把竞争限制在适当的水平上，从而防止因竞争引起的过分社会化，这是社会整合的使命。政府限制竞争却又不伤害人们的积极性，这是一项艺术。

(3) 在农村改革中很多新的组织应运而生，如雨后春笋般大量涌现。为规范新组织的有机秩序，从中央制定的法律法规，到地方制定的规章政策，都适应了当时乡村治理的需求。但由于农民生产的特殊性和地缘性，即使一些规范的出发点和效应是好的，但在农村社会也很难执行。一名厂长举出了一个小小的例子：虽然规定了工厂工人的上下班时间，但在厂里实施起来就非常困难。一些工人完成规定任务后就想早点回家，特别是在耕种收获季节，更是如此，厂里对此很无奈。农民在长期的村落生活中形成的习惯有着很大的惯性，让他们改变旧的行为方式，适应新的规范，需要一个较长的时间，在这里，提高他们的自身素质便显得尤为重要。

(4) 社会保障。在人民公社时期，每一个社员起码会得到一份最基本的保障，公社保证每一个社员有饭吃、生病能看医生。在推行联产承包责任制的时候，有的社员担心会重受旧社会的那种苦难。同时地方政府也面临着挑战，即能不能满足每一个人的最基本的生活需求。一般的乡镇都会在两个方面做出努力，一方面做好养老福利事业，另一方面搞好合作医疗。实际上，在乡镇集体企业发达的地区，企业在某种意义上也承担着社会保障功能，因此社会保障的问题并不突出。随着乡镇集体企业改制的完成，企业为了追求利润，将会放弃这一功能，甚至会毫不留情地解雇不称职的工人，那时候社会保障问题就会变得十分严峻，它的解决与否和怎样解决将会直接影响到社会的稳定。1980 年，广西河池地区治安事件频发，甚至有打家劫舍、强取豪夺现象。为了治安的需要，宜山县、罗城县农民群众自发形成了维护公共秩序的权力共同体——村民委员会，百姓反应强烈，村民委员会受到一致好评。随着民主权威的不断增强，村民在处理集体事务时都喜欢通过村民委员会的形式进行民主表达和决策村务，慢慢地形成了处理包括经济、文化、治安等方面事务的民主自治组织。随着周边村庄的效仿，其影响力逐步扩大，受到了当地党政部门高度重视，中央也多次实地调研，在采取肯定态度的基础上逐渐推至全国范围。伴随自身制度的不断完善和国家法律法规的出台，村民自治的思想逐步深入人心，村民自治制度也逐步形成。

三、从宪法到村委会组织法：乡村自治的坐标定位

村民委员会运行机制的不断成熟和完善呼应着国家基层自治制度的出台。1982 年第五届人大通过的《中华人民共和国宪法》第一次以国家母法的形式对基层自治制度做出了规定。随后，1984 年民政部便开始着手起草《中华人民共和国村民委员会组织法（试行）》，其间一共历经八个阶段，修改多达 30 余次，时任全国人大常委会委员长彭真发表有关村民治理的讲话就有 7 次。在总结了乡村基层实践的基础上，国家投入了大量的人力和财力，学者专家们积极响应，建言献策，其间争论非常激烈。例如在村民委员会与乡、镇政府的关系上，一种意见认为村民委员会应该保持其独立性和自治性；另一种意见则认为过于强调村民委员会的独立性不符合中国的国情，果真如此，乡、镇政府无法开展工作，村民自治就会产生新的问题，等等。但最后，《中华人民共和国村民委员会组织法（试行）》终于姗姗而来，这是我国历史上第一部全面规范乡村基层治理的法律，它的出台也为我国农村基层民主政治的发展奠定了基础。

《中华人民共和国村民委员会组织法（试行）》共分 21 条，不足 3000 字，是一部关于村民委员会组织的法律，它既具有高度的概括性，又具有简洁明了、通俗易懂的特点，这显然是因为制定者考虑到普通百姓的知识水平和理解能力，也考虑到实施与执行的可变通性。在为数不多的条文里，一共规定了村民自治的主体、村民委员会的设置与选举、村民会议、村规民约这四个方面的

内容。总之,《中华人民共和国村民委员会组织法(试行)》以村委会组织为中心,既规定了其内部结构关系,又规定了村委会与外部各方面的复杂关系。另外还有一条隐线贯穿《中华人民共和国村民委员会组织法(试行)》的始终,那就是村民自治的主导精神。《中华人民共和国村民委员会组织法(试行)》作为我国历史上第一部全面规范村级自治的法律,一路可谓乘风破浪,披荆斩棘。如前所述,在中国历史上确实也有地方"自治"的因素和法规,但多是笼统和较为宽泛意义上的,比较具体和专门性的并不多,清末颁布的《城镇乡地方自治章程》尽管包括"村",但并非专门为"村"而是为"城镇乡地方"制定的。民国初期阎锡山推行的"村制"虽是专门为村级"自治"建章立制,但与《中华人民共和国村民委员会组织法(试行)》相比,二者同样有着本质的差异。前者是一个地方性"村制"法规,而后者则是一个全国性的村级组织的法规。最值得注意的是,阎锡山的"村制"以"村"为核心,以军阀"专制统治"为前提,而《中华人民共和国村民委员会组织法(试行)》则是以"村民"为主体,以"民主自治"为精神依归。此外,清末的《城镇乡地方自治章程》和阎锡山的《县属村制通行简章》主要是统治者仿效西方而缺乏本土性、有着统治者强烈主观意志的法律规章,而《中华人民共和国村民委员会组织法(试行)》则是在全国村民自治初期实践基础上进行的理论性高度概括,它是理论与实践相结合的产物,是全国各阶层进行民主协商、对话、探讨而后反复进行修改的结果。也可以说,《中华人民共和国村民委员会组织法(试行)》是汇集了各阶层合力而孕育的智力成果。即使站在今天,《中华人民共和国村民委员会组织法(试行)》的施行也具有跨时代的意义。

以往的村民自治缺乏法律参照和依据,《中华人民共和国村民委员会组织法(试行)》这样的国家法律规范凤毛麟角,其他可供参考的成功范本也不多见,这也是20世纪80年代初期村民自治举步艰难的原因之一。以第一个村委会的建立为例,由于当时没有任何可供借鉴的经验,所以果作村完全是自发式的探索,如"村委会"名称的产生依据有二:一是大队的"管委会",二是城市居民委员会。这一方面反映了村民的聪明智慧，另一方面又反映出当时的无章可循。而果作村村委会制定的“村规民约”也显然多是以传统的乡规村约为参照。如河北省石家庄市天长镇梁家村深居山区，是个有名的贫困村、落后村，但村干部却是一些“逮不住老鼠也打不了家伙”的人，对此，村民群众非常不满，在退伍军人梁洪才的带领下，他们多次到镇政府告状，要求调整领导班子。而镇领导却拒绝了梁洪才等人的要求，其理由很简单，村干部没有功劳还有苦劳。梁洪才等村民无奈，只得采取“磨”的战术，希望镇领导能够答应调整村干部班子。有一天，梁洪才又来到镇里，他偶然在桌子上发现一本《中华人民共和国村民委员会组织法（试行）》，他打开一看，其中的每句话都说到了他的心坎上，梁洪才趁镇领导不注意，将这本小册子“偷走了”。回到村里，他马上将《中华人民共和国村民委员会组织法（试行）》念给村民听，村民们一致认为自己有了法律的支持，他们决定上告镇里不搞民主选举。于是村民们兵分三路，一路到镇里，二路到县民政局，三路到县委组织部。在梁洪才等人的强烈要求，镇里终于决定实行民主选举村委会干部。1990 年 1 月 9 日晚，梁家村采取户代表办法选举村委会，这是自实行大包干以来参加会谈人数最多的一次。这是村民以《中华人民共和国村民委员会组织法（试行）》为法律武器保护自己、参与村民自治的典型例证，从中可见《中华人民共和国村民委员会组织法（试行）》对于村民自治的重大意义。作为正式法律出台的前设性法律，《中华人民共和国村民委员会组织法（试行）》还缺乏严肃性和强制性，更多的是随意和灵活性。伴随村民自治活动的不断深化，《中华人民共和国村民委员会组织法（试行）》已经不能满足村民自治的实践需要，迫切需要对之进行修订。

对《中华人民共和国村民委员会组织法（试行）》进行修订，其中原因很多，但主要原因有两点：一是不支持、抵制甚至坚决反对中国农村实行村民自治的大有人在，即使在《中华人民共和国村民委员会组织法（试行）》颁布实施多年后也是如此。这些反对者认为农民素质太低，在中国农村不可能实现村民自治，有的甚至提出必须对农村实行“行政管制”。将《中华人民共和国村民委员会组织法》由“试行”向“正式”过渡，就是将村民自治更进一步合法化、制度化，不容对它再产生怀疑、抵制和反对。如果说在“试行”阶段，《中华人民共和国村民委员会组织法》为“反对者”留下相当的“自由”空间，那么正式颁布后，各地就必须坚决实行。二是《中华人民共和国村民委员会组织法（试行）》比较简略，很难适应复杂又不断变化的中国农村村民自治的新情况。例如选举程序过于粗略，选举难以落到实处；应当采取怎样的民主管理形式等等，因此，对《中华人民共和国村民委员会组织法（试行）》进行修订，正式出台一部更完善的《中华人民共和国村民委员会组织法》势在必行。

（1）在体式结构上的变动。原《中华人民共和国村民委员会组织法（试行）》有“试行”二字，而“正式法”则将此二字取消。虽然只有两字之差，但其性质完全不同，这表明“试行”期已过，正式实施的时间开始。从此，《中华人民共和国村民委员会组织法》将以正式的法律发挥着作用。就结构来说，《中华人民共和国村民委员会组织法（试行）》共21条；《中华人民共和国村民委员会组织法》共30条，而且在“条”下设“款”，这就显得较为具体明晰。从字数上看，原来不足3 000字，现增加到4 300字左右，显然后者比前者更充实丰富了。

（2）村民委员会的选举程序更加民主和规范。《中华人民共和国村民委员会组织法（试行）》关于村委会选举的规定非常简略，只有一些原则性的指导条文，有的显得比较含糊，在具体实践过程中缺乏可操作性。《中华人民共和国村民委员会组织法》在此则变化较大，其中最主要的有如下几点：一是对村委会候选人的产生程序作了规定。将村民实践中总结的成功经验予以法定化，将“联名提名”和“海选”的经验吸收进来，扩大了村民的直接民主选举权利。二是对选举过程中的违法违纪行为作出了处罚规定。《中华人民共和国村民委员会组织法》第15条规定了威胁、贿赂、伪造选票等一系列不当行为的违法后果。由于长期以来缺乏有效的违法惩治机制，各地选举违法现象屡有发生，严重影响了选举活动的顺利开展。因此，各地对选举违法问题很重视，也都对修改《中华人民共和国村民委员会组织法（试行）》寄予厚望，并积极献计献策。如湖南省的“修改意见”就有这方面的建议。福建省也曾在一篇报告中指出：“有关村民自治的法律法规多侧重于如何开展工作，对违法问题如何处理则没有阐明。如对不依法选举，或破坏正常选举活动，或违反选举原则、违背选举规程等问题，现有的法律法规条款没有明确规定，给实际工作造成了漏洞和脱节。如平潭县苏澳村、政和县江上村等一些地方违反选举法规问题，当地群众一再反映，职能部门反复地将群众意见反馈给当地政府，但问题依然不能解决，职能部门也无可奈何。这说明法律法规缺乏制约机制。开展依法治村工作就现阶段来说是一种政府行为，要从政府行为转变为农村群众的自觉行为，这一过程没有约束监督的机制是困难的。”由此可见，对选举违法行为没有相关的法律制约规定，后果是严重的。所以说，《中华人民共和国村民委员会组织法》关于选举违法的规定，对规范和保证全国的村委会选举具有重要意义。

（3）增加了有关村民代表会议的内容条款，赋予了其合法地位。此次修改之所以增加村民代表会议的内容，与多年来村民代表会议在村庄民主决策中发挥积极作用是分不开的。实践证明，村民代表会议制度作为一项适合中国农村实际的制度创新，越来越受到广大农民的欢迎。为赋予村民代表会议以合法地位，使其发挥更大的作用，《中华人民共和国村民委员会组织法》在对村民会议作出规定的同时，又在第二十五条中增加了村民代表会议的内容，并对村民会议与村民代表会议的权限范围进行了限定：一方面强调村民会议在决定村庄重要事务中的重要地位；另一方面又指出，不便召开村民会议的村，可根据实际情况召开村民代表会议，但要经村民会议授权才能议决有关事项。之所以作出上述规定，主要是为了防止村民代表会议取代村民会议，这对保证村民享有充分的民主权利是非常必要的。不足之处是对拒不召开村民代表会议的村委会缺乏相应的制约措施，这必然导致实际过程中出现不少问题。

第二节 乡村自治的运行机制

乡村自治是乡村治理现代化的关键环节，其中涉及乡村治理中如何实现民主选举、民主决策、民主管理与民主监督。只有这四个环节妥善运行，乡村自治才能更好地实现规范化、程序化和制度化发展。

一、民主选举是乡村自治的前提

基层民主选举改变了以往封建社会世袭制等传统权力更替模式，这从本质而言有利于权力应用的合理化，也在很大程度上促进了乡村权力交接的稳定化、常态化。为了最大程度地保障乡村基层民主选举活动的顺利进行，我们有必要重视以下六项工作。

（1）强调选举资格。民主选举要严格按照《中华人民共和国村民委员会组织法》的要求，认真核对参加选举村民的资格要件，防止那些没有达到选民条件的村民贿选参与农村基层民主选举，以保障乡村治理中基层民主选举的公平公正。

（2）促进候选渠道多元化。为最大化地畅通选举渠道，要加大民主选举相关政策宣传，减少信息不对称，让每一个有被选举权的村民都可以平等地成为候选人，并激发他们的热情使其踊跃地参与到基层民主选举的竞争环节中来；需要说明的是，根据相关法律，乡村基层民主选举要实行差额选举，选举候选人应多于应当选人，确保农村基层民主选举的合理合法；同时，还要开展农村基层民主选举候选人的竞选活动，吸引更多更优秀的乡村治理精英进入村民委员会。

（3）选举程序透明化。政府治理主体要积极宣传民主选举活动的相关事宜，通过讲座、广播、村务公开栏等老百姓喜闻乐见的多种形式，一方面，让村民们意识到选举活动与自身息息相关；另一方面，通过宣传让村民们尽可能多地熟悉农村基层民主的选举程序。同时，通过制定全国统一的选举投票法，实行一人一票制，每个选民通过自己的选民证可以领取一张选票；唱票和计票行为要及时公开进行，杜绝拖延和暗箱操作。在选举过程中考察方式多样化，可以实行选举观察人制度，向村民普及民主选举理念，对农村基层民主选举过程进行政策引导与技术培训，使农村基层民主选举更加规范。

（4）最大程度避免选举过程中的不公平现象。在选举过程中要遵循公平、公正、公开的原则，尽可能防止选举中的贿选现象。要建立选举的危机预警机制与干预机制，对通过贿选行为当选村干部的候选人，要通过正当途径取消其当选资格，对情节严重的贿选行为，构成犯罪的，要依法追究其刑事责任。要让乡村自治成为一种民主化的村民治理，就要尽可能地做到机会公平与结果公平。

（5）完善相关法律法规。严格按照法律法规的要求进行农村基层民主选举，规范村民在农村基层民主选举中的行为，消除农村基层民主选举中家族宗族势力、农村黑恶势力和其他人为因素的干扰。建立农村基层民主选举应急预案，将村民参与农村基层民主选举纳入法律保护范围，严厉打击破坏农村基层民主选举的违法犯罪行为。

（6）增强基层民主选举意识。随着时代的发展，村民的思维不再为封建传统的思想所束缚，我们要为村民在农闲时间举办各种形式的普法教育活动，使村干部和村民深刻理解和掌握农村选举法律法规的要义。

二、民主决策是乡村自治的核心

“民主决策是人民群众参与国家政治生活和经济活动的一种方式，是履行国家主人翁权利的一种形式，是当家作主的主要内容和主要表现，是社会主义国家的本质和性质的体现。”[①] 要充分发挥农村基层民主决策的作用，营造农村基层民主决策的良好氛围，为中国农村基层民主的发展提供科学化和民主化的

① 董清民，柴海瑞．中国农民民主政治参与机制研究 [M]. 呼和浩特：内蒙古人民出版社，2003：206.

决策。

（1）从村民会议来看，《中华人民共和国村民委员会组织法》充分肯定了村民会议的法律地位，明确了村民会议的功能和作用。“村民会议审议村民委员会的年度工作报告，评议村民委员会成员的工作；有权撤销或者变更村民委员会不适当的决定；有权撤销或者变更村民代表会议不适当的决定。村民会议可以授权村民代表会议审议村民委员会的年度工作报告，评议村民委员会成员的工作，撤销或者变更村民委员会不适当的决定。”[①] 通过村民会议，农村社会的权力进行了再分配，村民获得了更多民主权利。农村公共事务及人民群众普遍关心的热点问题都要经村民会议，按照民主决策程序，实行民主决策，而不能由村干部或少数人决定。农村的文书、会计、电工、保管员等也可以列入民主决策的范围。对于村民会议的民主决策结果，要通过一定的形式及时向村民进行公布。另外，根据农村发展的新问题和新情况，对村民会议的运行程序进行修改和完善。

（2）从村民代表会议来看，村民代表会议是村民会议的重要补充。村民代表会议规模适中、会议场地容易解决，而且会议成本较低，可以更加快捷地做出农村基层民主决策。徐勇认为：“相对村民而言，村民代表一般素质较高或社会影响较大。在农民的政治文化素质普遍较低的背景下，村民代表会议在村民自治中的实际影响和作用较大。”[②] 村民代表会议的代表具有荣誉感、责任感和使命感，要充分发挥村民代表在农村基层民主决策方面的主动性和积极性。首先，要选择政治素质较高、群众基础较好、政治参与能力较强、真正能够代表民意的村民当选村民代表，建立村民代表的合理流动机制，防止村民代表的“固化”，让越来越多的村民有机会当选村民代表。其次，要完善村民代表会议的议事原则和议事程序，村民代表要事先广泛了解村民对某项决策的意见，对不清楚的问题要进行实地调研并咨询专家学者的意见；在村民代表会议召开过

---

① 国务院法制办公室中华人民共和国村委会组织法 [M]. 北京：中国法制出版社，2010：9.
② 徐勇 . 中国农村村民自治 [M]. 武汉：华中师范大学出版社，1997：88-89.

程中，要允许村民代表充分地发表自己的意见；村民代表会议做出决策后，村民代表要向村民宣传此项决策，动员和组织村民执行村民代表会议做出的决策；村民代表会议做出的决策要做记录，妥善保管，对经村民代表会议决定的决策要不折不扣地执行。

三、民主管理是乡村自治的基础

制定和完善村民自治章程和村规民约是完善农村基层民主管理的主要内容。村民自治章程和村规民约“把村民的权利和义务，村级各类组织之间的关系、职责、工作程序以及经济管理、社会治安、村风民俗、婚姻家庭、计划生育等方面的要求，规定得明明白白，加强村民的自我管理、自我教育、自我服务。”[①] 因此，要做好以下几点。

（1）乡镇政府要对村民自治章程和村规民约的制定和修改进行指导，明确其合理的内容、指出其不合理的内容。同时，注重村民自治章程和村规民约的地域性、差异性和针对性。全国各地农村的情况千差万别，各地农村要根据本地农村的实际情况，制定适合本地区农村发展的村民自治章程和村规民约。驻村工作组、村两委干部以及村民代表及时完善村规民约，通过各种传播形式，提高村民对村规民约的认识，自觉维护农村良好的生态环境。

（2）村民委员会要认真调查研究，广泛征求村民的意见和建议，做好村民自治章程和村规民约制定和完善的前期准备工作。在村民广泛讨论的基础上，集中绝大多数村民的意见，制定出科学合理、切实可行的村民自治章程和村规民约。审议通过的村民自治章程和村规民约具有一定的法律效力和道德效力，要及时地向全体村民公布，语言要通俗易懂、简洁明了，做到家喻户晓、深入人心，使村民自治章程和村规民约成为村民普遍遵守的行为准则。

（3）建立村民自治章程和村规民约执行的监督处罚机制，对于违反村民自治章程和村规民约的行为，要给予适当的批评、教育或其他处罚，使农村基层

① 中共中央文献研究室．十五大以来重要文献选编（上）[M]. 北京：人民出版社，2000：572.

的民主管理更加规范。笔者在走访调研中发现，张家口市万全区农村根据农村社会发展的变化，进一步丰富村民自治章程和村规民约的具体内容，将农村土地流转、农村社区建设、村民养老保险、医疗保险等纳入村民自治章程的内容，将有感召力的风俗习惯纳入村规民约，使该地区的村民自治章程和村规民约真正发挥了实效。

四、民主监督是乡村自治的保障

民主监督是乡村阳光行政的重要保障，要重视民主监督在中国农村基层民主发展中的重要作用，为中国农村基层民主的发展保驾护航。

（一）健全村务公开制度

村务公开制度是农村基层民主监督的前提条件。2014 年，中央一号文件《关于全面深化农村改革加快推进农业现代化的若干意见》指出，“深入推进村务公开、政务公开和党务公开，实现村民自治制度化和规范化”①。要做好村务公开工作，加强对农村权力的监督，需要做好以下几点。

（1）加强村务公开内容的真实性审查；同时要扩大村务公开内容的范围，对计划生育、民政救济、养老保险、医疗保险等事关村民切实利益的事宜要做到及时公开。

（2）要做到村务公开的定期按时，形成农村事务公开的制度化机制；也要实现村务公开的动态化和透明化，及时回应村民关切的重大问题，杜绝村务“拖延公开”的现象。

（3）要促进村务全过程公开，做到事前、事中和事后公开相结合，让村民充分参与农村公共事务的全过程。

（4）根据村民的受教育水平，注重村务公开的形式，以清晰明了的方式，让村民看得清、读得懂，保证村务信息在村干部与村民之间以及村民之间自由

① 关于全面深化农村改革加快推进农业现代化的若干意见 [M]. 北京：人民出版社，2015：23-24.

地流动，杜绝村务公开的形式主义，对村干部在村务公开中的弄虚作假行为要按照相关规定进行处罚。

（二）完善村委会定期工作报告制度

村委会定期工作报告规范和约束了村民委员会的权力，推进了农村基层民主监督的制度化、规范化发展。村委会定期工作报告要从本农村的实际情况出发，真实完整地反映村民委员会在本年度工作的实际情况，而不能照搬照抄其他村民委员会的定期工作报告；也不能夸大自己工作取得的成就，忽视自己工作存在的问题。通过村委会定期工作报告，村民委员会可以详细总结上一年度工作的经验和教训，更好地指导村民委员会下一年度的工作。村民委员会要发挥村民的集体智慧，提高村委会定期工作报告的质量，保证村民委员会的工作报告符合村情民意；要促进村民委员会不断地改进工作，提高其服务村民的能力。根据农村的发展情况，经村民会议或村民代表会议的同意可以缩短村民委员会定期报告工作的时间，增加村民委员会与村民的沟通交流，达到村民委员会自我监督、自我约束的目的。

（三）规范民主评议制度

村干部处于农村权力金字塔的顶峰，掌握着较多农村社会资源。民主评议制度是村民约束和监督村干部的重要途径。“全国每年约有 170 万名村干部进行了述职述廉，23 万余名村干部进行了经济责任审计，村民评议村干部近 209 万人次”①。为了做好民主评议工作，需要做好以下几点。

（1）村干部要给村民更多的监督权力，主动接受村民的民主评议；也要改变过去简单粗暴的工作方法，减少和预防自身的腐败行为，塑造自身廉洁自律形象。

（2）要制定详细的民主评议规则，完善民主评议的程序，明确民主评议的

① 唐鸣，陈荣卓，梁东兴 . 健全农村民主管理制度 [M]. 上海：生活 • 读书 • 新知三联书店，2015：409.

内容，采取科学的方法，有计划、有组织地推动民主评议工作，避免民主评议活动走形式、走过场，建立民主评议活动的长效机制，增强民主评议活动的监督效果。

（3）提高村民对民主评议活动的了解程度，增强村民的监督意识，使村民敢于和善于行使自己的民主评议权利，对村干部的行为进行有效的监督和制约，防止村干部滥用权力。

（4）要及时公布民主评议的结果，保证民主评议结果的贯彻落实。对村民反应强烈的不合格村干部要按照相应的程序进行罢免。

（四）健全村务监督委员会制度

为了更好地健全村务监督委员会制度，需要做好以下几点。

（1）乡镇政府和村两委要从中国农村基层民主发展的大局出发，扩大村务监督委员会的覆盖面，增强村民对其的了解和认识。

（2）明确村务监督委员会的产生方式、职责范围、监督方式等，把秉公办事、有威信的村民选入村务监督委员会，保持村务监督委员会的相对独立性，强化村务监督委员会的监督效果。

（3）提供村务监督委员会的经费支持，保障村务监督委员会成员的生活问题，增强村务监督委员会成员的工作热情。

（4）明确建立村务监督委员会自身的行为规范，组织村务监督委员会成员贯彻执行党的路线方针政策、学习农村财务管理等方面的知识；也要保证村务监督委员会的办公场所、办公设施，保证村务监督委员会的高效运转。

第三节　乡村自治的困境

乡村自治已经有40多年的历史，并取得了不少成就，通过乡村自治，村民的获得感与幸福感显著增强。然而，在乡村自治的实践中我们依然会发现一些问题与需要改善的地方。有些问题是全局的、普遍的，有些问题又具有地方典型性。乡村自治对于提高广大农民在乡村治理中的主体地位，激发他们参与自治的智慧和能量，增强乡村治理的有效性，促进乡村振兴的实现，其作用是毋庸置疑的。然而，随着实践进程的推进，乡村自治面临的问题也是不容忽视的。

一、乡村自治主体的民主协商基因容易被忽视

在乡村自治的历史发展进程中，建立在地缘、血缘和族缘基础上的情感认同能够为自治成员就公共事务达成共识提供重要的价值共鸣基础。从其根源来看，在封闭的农村，传统宗族意识较强，人们在习惯与传统的路径依赖下进行生产生活、社会交往，对村民的价值理念和行为态度的影响较大。尤其在地缘、亲缘及宗族情怀的影响下，农民在参与村庄自治时情感因素往往多于理性和事实判断，所表现出的集体观念并非自主意识的流露。严格说来，这种“微自治”更类似于传统意义上的基于利益或利害关系的文化共同体自治。小传统自治往往只关注利害关系和实质结果，轻视个人权利和规则程序，对广大农民而言，很难带来实质性的民主参与①。因此，依附于地缘、亲缘和宗族之上的传统乡村自治方式难为“微自治”体注入现代意义上的自治元素。受市场经济冲击和平等自由竞争等价值观念渗透，许多乡村融入了许多异质性和多元性的现代元素。聚族而居的熟人社会在逐渐瓦解，传统的乡风民俗对人的约束力在减弱，宗族和家庭观念被不断增强的个人权利意识所取代。试图回归乡贤治乡、家族治村的传统自治状态，只会阻碍乡村治理现代化的真正实现②。可见，以村民理事会或议事会为组织载体的小共同体自治，可能会助长和强化宗族观念和家长势力。

二、乡村自治主体的民主自治空间容易被挤压

从各地“微自治”探索的实际情况来看，普遍的做法是因行政村遭遇自治

---

①周庆智．社会自治：一个政治文化的讨论 [J]. 政治学研究，2013（4）：75-86.

②金耀基．从传统到现代 [M]. 北京：中国人民大学出版社，1999：108.

难题而将自治重心下移至村民小组或自然村。有人担心，随着自治重心的下移，政府的行政权可能也会跟着下移，“微自治”将会遭遇基层自治的体制性障碍①。事实上，村民理事会作为乡村“微自治”最常见的协商议事平台和载体，并非农民直接行使自治权的独立社会组织。虽然各地文件一致强调，村两委只是领导、指导和支持村民理事会开展工作，但在实际的乡村公共事务治理中，一方面，村两委不仅将越来越多的行政任务转移、分摊给村民理事会，将村中一些难以处理的事务交由村民理事会代为解决；另一方面，村两委具有考核村民理事会工作绩效的权力，并通过经济补助的方式从财力上钳制村民理事会的活动②。即使村民参与协商，村民理事会成员和村民之间的协商也不是平等主体之间的论辩和妥协，理事会成员往往依靠其在村中的威望，去劝导和说服村民接受他们早已形成的意见或建议。由此可见，村民理事会作为村两委代理人的身份意义远大于它作为广大村民行使自治权、进行话语表达和利益诉求的组织载体意义。虽然现行的村民理事会大多是在村民小组或村庄基础上建立的，并且是以村民小组或者自然村为单元开展的社自治的形式，但事实上它是村委会的内部组织③。正如有学者担忧的，倘若村民理事会等“微自治”组织和平台在“微自治”过程中也被行政化，以村民小组或自然村为载体的唯一权力屏障也将消失，农村的社会空间将被进一步压缩④。

三、乡村自治重心的下移要避免导致民主自治范围收窄

当前，以自然村或村民小组为自治基本单元的乡村“微自治”探索，不但

---

① 肖立辉．“微自治”的有效性及有限性 [N]. 中国社会报，2014-07-28.

② 严宏．村民理事会与村级协商民主建设的探索：以安徽省 H 村为例 [J]. 中共福建省委党校（福建行政学院）学报，2016（7）：94-99.

③ 项继权，王明为．村民理事会：性质及其限度 [J]. 福建论坛（人文社会科学版），2017（9）：155-160.

④ 朱敏杰，胡平江．两级自治：村民自治的有效实现形式：兼论农村基层民主实现的合理规模 [J]. 社会主义研究，2014（5）：102-107.

有被行政化的危险，而且也忽视了一个基本的事实，即行政村是国家法律和制度规定的自治单位，村民委员会是村民自治的重要组织，自治始终是行政村的根本特性。因此，推动乡村自治重心下移，并不是说要知难而退，放弃行政村的自治权，收窄村民的民主自治范围。2018 年，中央一号文件在《中共中央国务院关于实施乡村振兴战略的意见》中特别指出，推动乡村自治重心下移是为了尽可能地将管理、服务及资源下放到最基层。以自然村或村民小组为自治基本单元，以理事会或议事会为组织载体，虽然便于开展自治，其自治内容和范围毕竟偏窄。乡村的许多公共利益和公共服务的范围远超过自然村或村民小组，需由行政村提供。行政村范围的公共事务、公益事业及需由行政村提供的公共物品的管理和治理等仍属于村民自治的事项，因而以村委会为组织载体的行政村自治同样不可忽视。因此，以自然村或村民小组为自治基本单元的小共同体自治，不是要用村民小组或自然村自治取代行政村自治，用各种议事会、理事会取代村委会，而应是在做好行政村自治的基础上，将自治延伸至村民小组或自然村[①]。否则，只会导致乡村民主自治的褊狭和行政权对“微自治”空间的挤压。

第四节　乡村自治的启示

乡村自治是民主化进程的重要体现。只有坚持党的领导，才能把广大农民的积极性、创造性充分调动起来；只有坚持党的领导，才能为村民自治的健康发展创造良好的环境和条件；只有坚持党的领导，才能保证村民自治沿着正确的方向走向胜利，走向更大的辉煌。

在乡村治理的具体实践中总有人发出各种疑问，其问题的最终指向在于

① 汤玉权，徐勇 . 回归自治：村民自治的新发展与新问题 [J]. 社会科学研究，2015（6）：62-68.

乡村自治的必要性何在？或者说，倘若民主得到最大化的发展，是否对中国共产党的领导地位产生巨大冲击？同时，还有些人由于对自治缺乏必要的认知，对民主自治的发展抱有悲观的想法，担心实行村民自治会间接造成地方利益的割据，甚至会在很大程度上威胁到中国共产党的领导。然而，社会实践无数次证明，正是基于中国共产党的坚定领导，才有了乡村自治的蓬勃发展。可以说，乡村自治的发展是国家在顶层设计规划中明确了农村扩大基层民主的重要内涵，实行乡村自治恰恰是新时代发展的必然趋势。更为重要的是，在乡村自治的历史进程中，问题与困难总是以各种形式出现在公共治理中，然而，正是有了中国共产党的及时引导，才保证了乡村自治的健康发展与顺利进行。

一、党的领导是乡村自治的政治前提

中国共产党作为中国人民利益的忠实代表，和实现中国梦、建设具有中国特色社会主义强国的核心力量，是乡村治理进程中的领导核心。在民主自治进程中，中国共产党在人们生活的各个方面发挥着不可或缺的影响力，在以经济为基础的社会主义物质文明和在以文化为底蕴的物质文明中充当着最核心的角色。乡村自治是中国共产党在领导农民进行社会主义建设中的智慧结晶，它激发了农民自我管理的无穷动力。实际上，中国共产党的领导，从乡村自治的具体实施环节来看是乡村自治顺利开展的根本保障，从乡村自治的可行性条件分析来看则是乡村自治之所以产生的政治前提。江泽民同志在十五大报告中指出，“建设社会主义民主政治，是逐步发展的历史过程，需要从我国的国情出发，在党的领导下有步骤、有秩序地推进”。党的十五届三中全会强调：“扩大农村基层民主，要在党的统一领导下有步骤、有秩序地进行，充分发挥乡（镇）、村基层党组织的领导核心作用。”《中华人民共和国村民委员会组织法》也明确规定：“中国共产党在农村的基层组织，按照中国共产党党章进行工作，发挥领导核心作用……”中国共产党章程也规定，乡、镇党的基层委员会和村党支部领导本地区的工作，支持和保证行政组织、经济组织和群众自治组织充分行使职权。这些会议精神与制度的颁布从不同角度论证：在推进乡村治理现代化的进程中要让村民坚定不移地坚持党的领导，加强党的领导。

(1) 乡村自治必须坚持和加强党的领导，首先是由中国共产党的历史地位所决定的。中国共产党领导与团结全国各族人民取得了新中国的伟大成就，这决定了中国共产党在乡村自治进程中的核心领导地位。中国共产党作为人民的代言人，既来自群众又在某种程度上代表了文化的先进性，其根本宗旨就是全心全意为人民服务，最终目的是让人民群众获得最大利益与最为广泛的民主权利。发展社会主义民主政治，是我们党始终不渝的奋斗目标。中国共产党执政就是领导和支持人民掌握管理国家的权力，实行民主选举、民主决策、民主管理和民主监督，保证人民依法享有广泛的权利和自由，尊重和保障人权。由此可知，中国共产党承担社会主义民主自治中的核心角色，是由党的历史地位所决定的，是党实现其根本宗旨的必然要求。中国共产党自成立开始就忠实代表着人民群众的根本利益，支持人民群众用自己的办法解决自己的问题，这实质上就是人民当家作主的问题。在以往的革命斗争与经济发展实践中，中国共产党通过了层层考验，在各种困境中能够迎难而上，并最终取得了人民民主革命的胜利与社会主义经济建设的伟大成就。而正是由于中国共产党的所有行为与目标都是为了实现人民民主与人民的根本利益，因此也得到了广大人民群众的大力支持。可以说中国共产党的利益与人民群众的利益从本质上看是同一的、重叠的。乡村自治的推进必然带来人民民主的更大发展，农民的生产生活积极性会更为高涨，只有这样，才能更好地实现党的领导。农民在乡村自治进程中，通过选举自己信得过的带头人，最终实现当家作主的美好愿望，促进农村经济和社会发展。

(2) 由乡村基层民主自治的内在运行规律所决定，村民自治必须坚持和加强党的领导。从更为广泛的意义上考察，社会主义民主是世界政治文明进程中最为透彻与广泛的民主形式，其本质上突破了阶层、种族的界限，随着时代的演进、民主价值的重视，乡村自治的内涵也发生演变。但不管环境多么复杂，乡村自治所内蕴的人民主体性没有改变，中国共产党的坚定领导没有改变。就客观的民主实践而言，正是由于乡村自治的进程是一个复杂的、长期的、普适性的民主工程，所以作为民主实现的客观要件，中国共产党的领导无疑具有现实的必要性，因为随着我国从封建社会到半殖民地半封建社会，再到社会主义社会，历史无数次证明了官僚主义、集权主义、个人主义、封建主义、无政府主义等极端思维都将被人民所摒弃，因为它们都不能从根本意义上代表人民的最终利益，更不能为人民之所想而想，为人民之所急而急。在现实的村民自治中，乡村自治的自身特征决定了它所发生的场域是在最基层，是在地域最广阔、经济文化又相对不发达的农村进行的难度最大的改革，其任务的复杂性、艰巨性，所处理利益的多元性都比以往有了更大的挑战。这就更需要中国共产党的统一的、稳定的组织领导。而乡村的稳定对于中国特色社会主义的民主进程至关重要，民主环境的重要性、艰巨性和复杂性，都从不同层面要求中国共产党的政治领导和组织领导，这既是中国共产党的历史责任，同时也只有它才具有这样的资格和能力。换句话说，乡村自治在党的领导下越充分，民主化进程的开展就会越顺利。

二、政府推动是乡村自治的根本保证

根据国家的制度安排，乡村自治从一开始就得到了国家和政府的肯定，其实施的每一步发展都有着顶层设计的框定与政府的有力推动。追本溯源，在改革开放初期，农民由于提升生产力的需求而自发地创造性衍生出自我管理的组织形式——村民委员会，而国家和政府看到了民主自治所带来的生产力的极大提升与农民参与积极性的高涨，于是在制度层面上对此给予了相当的肯定与关注。政府在一系列相关文件中充分肯定政社分开、建立乡政府是我国农村继普遍推行家庭联产承包责任制以后，推动相当化民主进程的治理变革。以此为契机，中共中央、国务院发出《关于加强农村基层政权建设工作的通知》，在文件中指出乡村基层自治要有宏观指导，进一步细化了村民委员会的建设任务，同时为了将相关政策精神落地，责成民政部负责村委会建设的日常工作，这些国家层面的相关文件的颁布无疑促进了乡村自治的兴起。于是，在中央精神的指导下，民政部积极工作，根据乡村自治的衍化规律与现实需求，先后制定诸如《关于贯彻执行中华人民共和国村民委员会组织法（试行）的通知》（1988年）、《关于在全国农村开展村民自治示范活动的通知》（1990年）、《全国农村村民自治示范活动指导纲要（试行）》（1994年）、《关于进一步加强村民委员会建设工作的通知》（1995年）等，这些文件的及时颁布为乡村自治发展指明了方向。同时，民政部根据乡村自治进程中的田野调研结果，针对民主进程中的现实困难与突出问题，有针对性地展开了村民自治的示范、培训、情况通报与经验交流等活动，给村民自治活动的开展给予了具体的指导。在中央层面的大力推进、地方政府的贯彻实施中，乡村自治从制度到实践环节都得到一一落实。乡村自治从产生到发展，从地方到中央，从民主选举到民主参与再到民主决策，无不饱含着中央对民主的热情与渴望。需要提及的是，在人口基数如此之大、经济文化相对落后的场域中开展民主自治面临的困难是巨大的，但无疑又是成功的。尽管在民主进程中必然面临着乡村传统势力的阻扰、乡村各类矛盾的剧变，乡村各种利益的分化，但是我国民主自治的运行确实将上述诸多问题处理得比较好，乡村自治有机地将乡村内部力量集结在一起，以应对外部复杂的问题。

当然，政府在推动民主化进程中的作用主要体现在如下几个方面。

（一）明确了政府指导乡村自治的机构设置

从中国的国情出发，人们受长期传统因素影响，存在着国家依赖心理，而政府管理法定职权范围内的行政事务，保障人民当家作主权利的实现。国家从法律层面制定了诸多关于乡村自治的制度，执行相关政策既是政府作为民主化进程的宏观调控者的目的，更是作为民主化进程掌舵者的义务与责任。但是，正是由于乡村治理的复杂性、利益主体的多元性，乡村自治行政事务涉及面很广，内容很多，不可能由单一的政府机关办理，根据管理的效率原则与分工原则有必要对乡村自治的各项事务进行责任归口。由于村民委员会作为基层群众性自治组织已在宪法中得以确认，并直接涉及我国基层政权建设，所以党中央、国务院在文件中明确指定由民政部门负责村委会建设的日常工作。《中华人民共和国村民委员会组织法》规定，负有指导村民自治责任的机构包括国家各级人民政府，但主要是基层人民政府即乡、民族乡、镇的人民政府，其具体工作部门则是民政部及地方各级政府所属的民政部门，这些部门的设置与责任的明确无疑是我国乡村自治民主化进程的重要推力。

（二）明确了政府指导乡村自治的方式

需要说明的是政府对村民自治的指导不是领导，更不是干预。受长期高度集权的政治体制影响，有些基层领导对于发展基层民主有所抵触，对于乡村村民自治持怀疑态度，担心村民自治会形成与乡政府抗衡的独立的地方势力。在实践中，一些乡镇干部不能自觉尊重村民自治的民主权利和村委会开展的自治活动，因此，我们的乡村自治要避免以上意识上的误区。由此，乡村自治的诸多环节必须在相关制度框架下进行，根据相关文件、政策精神，政府对乡村自治的宏观指导主要体现在如下几个方面。

1. 宏观政策指导与目标导向

从法律的静止意义上来看，政府作为相关法律的执行者与操作者无疑是不可或缺的。虽然从公共政策的运行到决策的执行，政府往往是充当一个忠实的执行者而不是宪法、法律框架的决策者，但是就乡村民主进程而言，政府在村民自治过程中确实产生了极其重大的影响。在公共政策的制定方面，它虽然没有形式上的、直接的、最终的决定权，但是对于政策的宏观指导，甚至在政策的最终选择上都有着直接或间接的影响。在以往的乡村自治过程中，由于实行了家庭联产承包责任制，我们发现它一方面极大地提升了农民的积极性与生产力，另一方面却导致原有的集体经济消弭与国有资产流失。有的乡镇党政领导召开村干部会议竟然没人响应，组织的各项生产任务也不了了之，乡村行政上的关联出现了问题，有的乡镇行政基层组织面临“无人可管”的境地。基于此，政府理清了思路，针对村级基层组织失效的问题提出了有效的对策：一是组建村公所作为基层政府的派出机构；二是加强村民自治组织建设，按宪法要求将村委会建设成为基层群众性自治组织，将乡镇对村的法定关系由领导改为指导。这样的做法在很大程度上改善了乡村自治的局面，既保证了乡村自治的顺利开展，又使得上级任务指标有效实现。从以上分析我们可以得知，乡村自治的基本决策是由党中央或最高权力机关作出的，但具体的操作路线图与具象化问题的处理是由负责乡村自治日常工作的政府部门进行的，他们在乡村自治过程中走在基层民主工作的第一线，影响甚至决定农村基层体制的设置和政策选择，至于政府在政策选择以后的政策导向作用，则体现得更加充分和明显。

2. 拟定或制定关于村民自治的法律、法规、规章和其他规范性文件

乡村自治可以说是在前无古人的政策环境中应运而生，是中国特色社会主义民主在新的时代环境中的生动体现。政府对于乡村自治的宏观指导，在面对具体问题作出相关政策选择之后，一个重要的方式就是通过拟定或制定有关村民自治的法律、法规等规范性文件进行制度层面上的设计与规划，通过法律对村民自治的实践进行规范和指导。政府在乡村自治中的立法权，主要体现在两个方面：一是法律、地方性法规的建议起草权。根据我国立法体制确定的立法权限，法律和地方性法规的制定权只能由权力机关行使，政府在宪法意义上无权制定。但是，按我国立法的程序和传统，政府一般承担着提出立法建议、起草法律草案的职责。比如，我国制定的《中华人民共和国村民委员会组织法》，就是由民政部起草和修改的，省级地方权力机关颁布的有关村民自治的地方性法规，也一般由同级政府的民政部门负责起草。二是政府根据法定职权制定行政法规、行政规章和其他规范性文件。如国务院和民政部先后发出了一系列文件和通知，地方各级政府也根据本地实际规范自治行为，并根据乡村实际制定了有关规章或文件，以具体规范村民的权利与义务自治中的各种社会关系，确定相关组织的责任与职责分工，通过以上措施，达到从宏观上规范和指导村民自治的现实目的。

3. 指导乡村自治的学习培训工作

我们知道，乡村自治刚开始作为一个新鲜事物必然会存在诸多问题，一是

人们对于其民主实现程度的质疑，二是乡村自治实际操作人员的专业性问题。随着乡村自治的开展，其民主化的实现效度已经深入人心，乡村自治作为基层民主的有效形式逐年在全国推广。这就使得乡村自治管理人员的专业化需求成为亟待解决的问题。由于乡村自治的普适性，很多基层工作人员在尚不熟悉民主程序的情况下实行村民自治，我们有必要在新的时代条件下让广大基层干部和村民尽快地了解民主的实质，学会民主的方法，形成民主的程序，进而指导民主的实践。基于此，加强乡村自治的学习和培训提上了日程，这也成为了基层政府和民政部门指导村民自治的一项重要内容和职责。乡村自治的顺利开展表明，我们务必要把乡村自治的学习和培训工作作为一项基本任务来抓。为此，民政部门要根据每个乡镇的工作实践编制好典型的教材，并充分利用广播、图像、影视等多元化手段，集中一段时间对乡镇基层干部进行相关的民主自治培训。在培训过程中既要注意各自乡镇自治的典型个案，也要充分借鉴国外民主化进程的“他山之石”。各个省份也应通过各种形式培训大量的乡镇干部，并通过文件的形式规定，每年必须举办乡镇村委会主任示范培训班，对于刚选举新当选的基层干部也要做到让他们对基本自治业务熟悉，通过以上措施让基层民主自治的培训工作经常化、制度化，以提高他们的政治和业务素质，使其更好地胜任本职工作，适应不断变化的基层民主自治环境。

三、经济发展是乡村自治的物质基础

民主政治显然是上层建筑的符号象征，在实际生活中，除了生产资料所有制方面对其性质具有决定性的作用之外，其他的经济要素如经济地理环境、劳动生产率的高低等，对民主的发展也有直接或间接的作用。乡村自治作为中国特色社会主义民主政治在乡村基层的重要组织形式，自然而然地受到物质基础的制约与影响。从根本上来说，乡村基层民主与乡村经济发展之间存在着一定的耦合关系。国家在宏观层面上指导乡村自治的改革框架中明确指出，乡村自治组织的发展与现代民主的推进，一定要与当地乡村经济与社会发展的物质

基础紧密契合。

(一) 乡村自治程度与乡村经济发展状况密切相关

乡村自治不是平地而起、凭空而生的，而是由于乡村经济发展到一定的条件下而产生的。我们清晰地知道，任何制度与生产关系的产生都是由于现有生产关系无法满足生产力发展的需求。人们会通过各种形式去追求新的生产关系与利益分配原则，这自然会产生更多的民主愿望与政治需求。而乡村自治的物质基础是乡村经济的自给自足，当现有的生产关系无法维系乡村居民的心理需求时，他们往往会寄希望于新的生产关系。乡村自治的发展是建立在一定的物质基础之上的，这是乡村基层民主自治发展的内在规律。自改革开放以来，我国乡村实行以家庭联产承包责任制为主要内容的经济体制改革，这是一项以市场取向为目标的制度创新。而市场经济发展的内在要求就是要最大化地实现经济民主，而这种民主体现在乡村领域就是人民自主决定自己的生产经营事务。就我国基层民主发展的历史进程而言，乡村自治的开端正是乡村农民的经营自主权的有效确立。家庭联产承包责任制这种区别于以往的“一大二公”的生产方式，从本质上解放了生产力，抛弃了以往的平均主义大锅饭，农民生产有了更多的干劲。乡村经济发展走上了新的历史进程，乡村开始了日新月异的变革。生产关系的革新让人们意识到原有经济体制的弊端，并延伸到对原有行政管理方式的变革上来，这直接推进了乡村政治体制的更新。同时，农民经济民主的推进又刺激了民主政治的需求，乡村民主自治在良好的经济基础的情况下便应运而生了。

(二) 乡村自治为乡村经济的发展提供动力

乡村自治是中国特色社会主义民主的基本组织形态，它不仅仅受到乡村物质基础的影响，它也在很大程度上以各种形式促进乡村经济的发展与革新。换句话说，乡村自治与乡村经济发展是一种双方互动的正相关关系，宽松的自治民主氛围反过来会促进乡村物质基础的建设，这也是乡村自治价值在经济领域的客观体现。乡村自治不仅促进了民主在基层领域的扩展，还会使乡村基层形成良好的政治生态。根据乡村田野调查，我们发现那些民主程度较高、自治水平较高的乡镇往往是经济发展较好的地区。乡村经济发展与物质环境自从改革开放以来得到了显著提升，这显然是因为国家顶层设计和改革开放政策相关举措的直接影响。我们认为乡村自治之所以成为促进乡村经济发展的重要因素，其一方面是由于乡村自治从制度设计上满足了广大农民的利益需求，调动了其生存积极性。基于此，邓小平同志就曾经指出，“不管白猫黑猫，能够抓住老鼠就是好猫”；另一方面，乡村自治是乡村经济社会发展的力量源泉与内在基础。乡村自治真正做到了从群众中来到群众中去，让农民当家作主：一是农民从经济层面掌握了生产经营自主权；二是农民从政治层面有效参与乡村公共决策，实施乡村民主自治，这为后续各方面的改革提供了强大的群众基础与取之不竭的精神动力。

四、民主参与是乡村自治的内在动力

（一）农民参与是民主政治的力量源泉与民主基础

作为一国国民，我们当然希望自己享有充分的民主权利。在具体的民主发展实践中，民主政治的发展要与国家的文化倾向、经济发展程度相契合，当然最本质的是要符合大多数民众的利益需求，在实际民主政治中具有可行性，这才是最有效率的民主形式。可以说，民主作为一种投票政治从本质上说要求政治是多元参与的。日本的政治学家蒲岛郁夫曾指出：“没有政治参与的政治便不是现代化的民主政治。”① 美国的政治学家亨廷顿在解释西方发展国家政治现代化时发现，一个有广泛群众参与的政治体系远比一个脱离群众的政治体系稳定和强大得多。就我国而言，邓小平同志就非常看重民主在政治发展中的分量，他认为发展民主能最广泛地调动人民群众的积极性，我国民主政治的历史进程也无数次表明，中国共产党正是通过各种层面的民主政策，获得了广大农

---

① 蒲岛郁夫．政治参与 [M]. 北京：经济日报出版社，1989：4.

民群众的支持。而改革开放后的乡村经济体制改革之所以取得了举世瞩目的成就，其根源在于将政治的民主扩展到经济领域，将农民的生产经营自主权归还给农民，使其获得了强大的精神动力与改革激情。而新时代的乡村治理，要实现美丽乡村建设与乡村振兴，同样取决于最广大的人民群众强有力的支持和广泛参与。

村民委员会作为基础管理的有效形式，是农民自治的组织载体。这种民主组织形式自产生开始就受到世界的关注，由于是农民自发形成的，并因其普适性在全国各地农村争相效仿，取得了比较好的效果与影响。乡村自治以一种有别于传统的民主形式契合了农民的利益需求，并由此吸引着广大农民群众的多元参与和积极探索。换句话说，这种多元参与，不仅仅是基层组织形式的革新，更在深层次上为乡村自治的发展提供了强大的动力支撑。在改革以前的人民公社体制下，农民无生产经营自主权，实施平均主义，在各方面都完全依赖于政府，虽然那时的农民对各项政治运动的参与程度也很高，但那是一种经过动员的被动性参与。而乡村自治下的多元参与意味着农民自主权利的提升，政府主动还权于农民，这使得农民的主人翁意识和积极性被真正调动起来，农民获得了独立的生产能力与更大的个人自由，真正意义上有了民主政治参与热情。就某种意义而言，由乡村自治所引发的农村经济体制改革从一开始就不是单纯的经济事件，不论是其自身的内容还是其产生的后果，都包含了极为丰富的民主政治要素，构成了农村民主政治建设的经济基础和思想动力。当然，改革的另一种结果是让农民与政府间的关系更为理性化，农民为了在生产经济活动中维护自身的利益会主动关注乡村公共事务。譬如，他们会主动参与乡村村干部的选举，以便了解村务管理，了解哪些公共政策活动会影响自身的生产经营活动。相对于传统农民对公共事务参与的冷漠，新时代的乡村农民对于公共事务有了更多的热情，在乡村基层及政府的宣传、培训下，农民的政治素养、自治能力都在逐年提升。农民也不再是简单的乡村公共政策输入者，而是在更大意义上成为乡村公共政策的输出者与反馈者。面对不理解的公共政策，他们会第一时间通过各种渠道向乡村镇政府进行反馈。这时，农民政治参与意识的增强，主要表现为对乡村事务关心程度的提高，特别是对乡村治理模式的选择和在直接选举村委时对参会成员所表现出的极大关注。在具体的乡村自治实践中，他们往往会把乡村公共事务与自身经济利益契合在一起，以主人翁的姿态参与进来，表现出高度的政治责任心和参与热情。在此过程中，他们抛却对大道理的盲从，也不愿做无谓的争论，更多的是讲实际、出实效，关心身边每一件有关经济利益的小事。因而，对于村民参与公共事务而言，如今最为紧要的是提高村民的科学文化素质和思想道德素质、自我教育和自我服务的能力。只有村民的素质和能力提高到一定程度，村民的政治参与才能发挥其真正的价值。

（二）乡村自治的发展要与农民的文化素养提升相契合

思想文化意味着具备一定的人文科学知识与思想道德修养，是人们在社会交往中进行信息交换、思想交流和社会管理不可缺少的媒介和工具。没有文化就无所谓人类文明的传承与更新，就不可能有继承基础上的创造，也就不会有人类社会的进步。通过以上的论证，我们可以知道乡村自治的发展是以农民参与为前提的，一方面，多元化的参与是乡村自治的群众基础；另一方面，农民的政治参与为乡村自治的良性发展提供了内在动力。或者可以这样说，乡村自治的参与度与透明度需要在公共事务的决策中得以体现，乡村自治的程度与好坏，与农民参政议政的程度有着莫大的关系。就其本源而言，乡村自治的参与度最终取决于农民的政治文化素养状况。乡村自治作为人类社会的一项高级实践活动，是在乡村农民的主观能动作用下实施的。而从理论上来说，人的任何社会实践都是受其社会意识所指导的。乡村农民作为社会意识的载体，由于社会历史条件不同，生活环境不同，社会分工不同，接受教育程度不同，会产生具体的差别。在具体的乡村自治进程中，不同的思维模式也会导致不同的行为模式。由此可知，无论是作为乡村自治环境的整体的社会思想文化状况，还是作为民主参与主体的农民的个体思想文化水平，都对乡村自治的进程产生着至关重要的影响。而我国的封建统治时期长达近乎 2000 年，因统治需要，统治者很长一段时间奉行愚民政策，这也在很大程度上导致了农民的思想文化封闭、愚昧、无知甚至专断。随着中华人民共和国成立以及随后改革开放的进行，尽管乡村经济发展相对而言落后于城市，但是随着乡村振兴与城镇化的推进，城市文明的辐射与优秀传统农耕文化的挖掘，农民的思想文化状况得到很大的改善。因此，我们在发展乡村自治进程中，要从农村农民参政议政的现实条件出发，正确认识他们的思想文化现状，并据此思考乡村自治的具体政策途径。与此同时，要积极开展思想文化宣传教育，为乡村自治的发展创造良好的思想文化条件。

（三）**农民政治心理和行为与现代政治文明相匹配**

乡村自治是一个复杂的民主实现过程，其中包含了政治参与主体参与心理与自治行为的调适。实际上对于乡村农民个体而言，人的政治素养是一个复杂的概念。这些因素互相影响，互为因果，相互渗透，它们共同决定了乡村自治的发展好坏。正因为如此，我们有必要注重乡村精神文明建设，以新时代背景下的美丽乡村建设与乡村振兴为契机，通过各种宣传、培训、教育等方式着力加强乡村思想道德和科学文化建设，以提升乡村居民的综合素养，促进乡村治理现代化与农民政治心理与行为的现代转型。

1. 要强调农民文化素养的培养

在国内外诸多专家的田野调查与广泛探讨中，人口素养是一个社会实现现代化要达到的重要指标之一。这里面既包括人口受教育程度的比例，也包含人的行为修养的内容。改革开放四十多年以来，国家政府对义务教育越来越重视，乡村人口的文化素质得到了明显提升，乡村学校的数量与相关教育公共设施配比得以优化。

2. 要促进农民思想观念的解放

乡村农民要挣脱以往传统思想的束缚，首先要有思想观念的解放，换句话说，只有真正实现了农民思想观念的解放，农民的政治心理与行为才能契合现代化的民主治理理念。随着改革开放的深入发展，农民的价值观念已然发生了深刻的变化，已经完全实现了由计划经济时代下的被动意识到市场经济下的自我意识的转换，现代文明所倡导的开放意识、竞争意识、学习意识等现代文明观念显著增强。在新时代发展的历史潮流中，不可否认地存在一部分农民在传统、现代观念的交织中处于一种思想封闭的状态，他们享受过传统政治体制所带来的优越性，因循守旧，安于现状，害怕风险，害怕竞争，依赖情绪严重。此外，在市场经济的浪潮下，有些农民的心理出现了严重畸变。极端个人主义、拜金主义、享乐主义、实用主义、虚无主义在城镇化的进程中得以渗透，现代、传统文明交织，导致了部分农民出现了价值观念的混乱与道德行为的失范。为此，我们应该努力践行社会主义核心价值观，以正确的舆论引导人。

3. 要促进农民生活方式的现代转换

随着乡村振兴与新型城镇化国家战略的纵深化发展，乡村农民的生活方式不再固守传统礼制，而是向现代化的转型。一方面，由于乡村经济的发展，农民的收入水平显著提高，由此决定了其消费水平的升级，同时，乡村农业科技水平的提升也使得农民一改往日“脸朝黄土背朝天”的形象，而是有了更多的农业闲暇时间进行消费；另一方面，现代化与城镇化的典型特征是流动性增强，农民的交往不再固定在熟悉的乡村，而是面向更为开阔的外来人口或者说是陌生人，个体的独立性、群体的差异化、标准的多元化成为人际交往的生动写照。与此同时，农民的现代民主参与性有了质的提升，选举权、被选举权、参与权、知情权等成为一种普适性价值认知，这也成为农民生活方式走向现代转型的价值基础。

4. 要促进农民法律意识的培养

发展农村基层民主必须全面提升村民的综合素质。而在人的综合素质发展过程中，最重要的一个方面就是民主、法律意识的培养与提高。民主、法律意识属于社会意识范畴，是人们在社会行为中观点、态度和心理的总称和评价。可以说，民主法治观念是现代性的评价观念和意识的倾向。对于农民民主、法律意识的培养是乡村治理的基础性工作，同时也对乡村民主政治建设产生重大影响。因此，我们要通过各种途径来宣传法律意识、民主意识，以建构与之相适应的社会交往规则与制度。

第四章　改革开放以来乡村德治的模式与启示

道德作为文化价值的核心，在文化转型过程中，不但要发挥其批判的作用，还要彰显其适应的能力[1]。改革开放的四十多年是社会结构深刻变动、思想观念深刻变化的发展时期。乡村基层的德治模式主要是以人们达成共识的道德、伦理维护机制为基础，以社会主义核心价值观为思想引领，构建农民所乐意奉行的人际交往模式，加大对乡村德治建设的推广力度。这既是对乡村自治与法治的有效补充，更是实现美丽乡村建设与乡村振兴的重大推动力。

第一节　乡村德治的背景

一、乡村德治是我国顺利渡过社会转型期的需要

改革开放四十多年以来，我国经济体制改革先行，改革发展以经济建设为中心的思路促进了新中国经济社会的飞速发展，而相对于经济建设而言，其他方面的发展相对落后。一方面，以熟人社会为基础的农村原有传统道德体系面临坍塌；另一方面，以陌生人社会为治理背景的新的伦理体系尚不成熟[2]。

---

① 刘刚，李建华 . 论道德适应 [J]. 中州学刊，2017(8)：93-98.

② 刘刚，李建华 . 城中村道德适应的叙事转向与衍化逻辑 [J]. 湖湘论坛，2019 (2)：125-132.

乡村内卷化对乡村道德的生成基础产生了极大的负面影响。城市以其强大的辐射力度吸引了大批农民“离土又离乡”，“乡土中国”开始向“市场中国”转变，同时乡村道德建设的环境也由“熟人社会”演变为“半熟人社会”甚至是“陌生人社会”。社会矛盾在道德背景飞速转换、道德主体流动性增强的过程中不断被放大。为了较好地处理好转型期所出现的各种道德观念冲突问题，我们转变了发展的思路与观念，改变了以往单一地强调经济建设的发展思路，建立了纵深化、全面化、科学化的发展观念。对于乡村治理而言，有效发挥道德观念、传统习俗的引领与规范作用就显得十分必要与可行了。

道德观念对于乡村社会生活而言至关重要，直接影响着农民生活的一言一行。倘若乡土社会的人口流动与思想观念有新的变化，那么一定离不开道德的有效引领与规范。在乡村生活由以往的封闭式模式向开放式模式转变的进程中，新的道德环境自然而然会对道德规范的内容有着新的诉求。改革开放四十多年以来，乡村道德建设从宏观上说是服从于经济发展的需求，从本质上来说是适应经济建设、服务于经济建设的。道德规范对市场经济发展的引领作用没有很好地体现出来，而更多的是充当配合与适应的辅助角色。当然，从国情来看，改革开放初期的以经济建设为中心的思路对于我国特色社会主义市场经济的发展起到了巨大的推进作用，从历史实践来看，优先发展经济的思路是完全符合当时我国经济社会发展状况的。而在新的社会治理时期，各种现代性元素已经对乡村社会结构和运行产生了深刻影响。道德空间已经成为反映社会现实与矛盾的显性空间，乡村德治已经提上了议事议程。特别是面对影响力度大、覆盖面特别广、传播速度极其快的网络空间更要有道德意识的充分体现。在新的形势下，我们要摒弃以往的唯物质主义观念，而更应当体现道德的规约力量。道德要一改以往的被动位置，而应该发挥其有效的引领作用，以充分体现马克思主义所强调的社会意识影响社会存在的理念。就现实而言，乡村社会在道德空间转换过程中，出现了一些拜金主义、极度个人主义、物质主义等极端腐朽的观念，这也是以往单纯强调经济建设的附带后果。因此，坚持道德在社会转型过程中的主导角色，充当社会核心价值的引领者，为社会主义市场经济发展方向提供有效的价值引领，这也是习近平总书记以德治国思想的一个重要内容。

二、乡村德治是我国道德建设优化的深层次需要

我们知道正是因为处于社会转型期，我国乡村道德建设面临着更多的社会风险与利益冲突。在社会公共秩序中所呈现出的突发问题、诚信问题、腐败问题、社会公德问题等以各种极端化的形式加以显现。从对以上问题进行实证分析可以得知，乡村治理的经济发展已经取得了巨大成就，但还需要进一步优化乡村公共治理环境，提升乡村社会农民的道德修养。马克思主义经典理论提出，物质决定意识，意识反作用于物质，而毛泽东同志提出，实践是检验真理的唯一标准，而我们的德治思想作为一种理论指导与影响着我国特色社会主义乡村治理的实践。我国当前道德建设所面临的诸多问题，其实就是一个个农民日常生活中所面临的重大而现实的问题。而处理这些问题的关键需要有科学理论的指导，此时以习近平总书记以德治国思想为理论的思想武器，无疑是解决我国乡村社会道德问题的有效手段。

同时，相比于我国改革开放以来的经济发展，我国国民的道德素质水平尤其是乡村农民的道德修养未引起公共部门的足够重视。分析当前我国乡村道德建设所面临的诸多问题，相当多的问题处理有一定的风险性、复杂性与长期性。乡村经济建设这四十多年的成就是有目共睹的，此时，我们需要更加重视现在的道德建设问题，转型期所呈现的道德失范现象时有发生，一些违反人们道德底线的社会事件尚没有得到有效规范，甚至有些专家认为我国当前道德水准出现下滑，在这样的道德环境背景下，我们亟须一个强有力的系统的道德理论体系来进行指导，这时乡村德治成为我国道德建设优化的必然需要与选择。

三、乡村德治是我国实现国家治理现代化的需要

国家治理现代化的重要内蕴中，道德建设是必不可少的关键一环。道德作为行为规约的软性约束，既反映了道德主体行为的个人修养，也反映出整个

社会道德发展状况。实现国家治理现代化除了需要法律层面的强制规定之外，更需要道德层面的自律。

就乡村治理体系的建构而言，其治理体系的内容往往取决于它所面临的社会、政治、文化、经济发展状况。而这些客观状况一方面与传统的人文沉淀有很大关系，另一方面也取决于乡村社会所面临的现实情况以及乡村农民的客观现实需求。就我国乡村治理现代化而言，首先，要强调对现代性因素的有效吸收与充分借鉴，要对城市文明中所强调的竞争意识、民主意识等进行广泛的宣传；其次，要突出我国优秀传统文化的沿袭与优化。就我国文化传统的历史而言，其本身具有极大的包容力与开放性，中华文明的形成本来就是兼收并蓄、开放多元的历史进程，在不断完善的过程中学习到了先进的知识、经验以及相关治理技术。而新时代乡村治理现代化，需要强化道德的规约作用。我们应该以国家层面所强调的社会主义核心价值观为精神指引，弘扬优秀的中华传统文化，使得道德的力量影响乡村治理的各个层面，并让道德成为农民指导自身行为的强大的自律力量与支撑力量，从而从精神层面推动国家治理体系和治理能力现代化的最终实现。

第二节　乡村德治的运行模式

一、乡村德治的实践功能

从乡村治理的实践中我们发现其内在运行有自身的治理逻辑，那就是乡村日常生活的维系既需要有国家层面的法律规章制度的强制约束，也需要有道德伦理规范的软性协调。从目前乡村治理的阶段来看，乡村治理正处于经济社会转型与道德空间转换的关键时期，乡村治理面临着新的权威秩序的建构与个体自由权限的发展的两难处境。基于此，强调道德与法治的协同成为一种新的时代背景下的有效治理方式，对于乡村治理现代化而言，没有道德的法治，其治理的效果会大打折扣。现在乡村道德建设存在着价值观念冲突、现代理性冲击、冲突道德凋敝等价值困境，乡村日常道德中的理性化、利益化、疏离化现象日趋严重，而法律作为乡村治理的底线，他律约束不能维系世道人心，只有以道德激发自律，才能使人们自发遵守相应的人际规则，进而完善人的道德发展。具体而言，乡村德治体现出如下三个功能：

（一）协调人际关系

就道德哲学的意义建构而言，德治区别于社会实践中功利性的行为追求，转而追求社会的“真善美”，在乡村社会德治中具体体现为人际关系及其行为的协调功能。随着现代性元素进入封闭的乡村，农民的自我意识愈来愈清晰，目标主义、功利主义等那些在市场经济体制中的价值观念进一步消解了传统乡村以习俗、血缘等为联系的人际关系，这也间接导致了人与人之间的不信任，人们的关系趋于理性化与功利性。与现代城市文明的开放性不同，乡村一开始是隔离于外部世界的，随着社会的转型，乡村封闭性被城市化打破，这导致了乡村人口的流入与流出。乡村世界由此出现了陌生人，而乡村人口也由此走出了原来的小山村流动到大城市成为陌生人。土地不再是农民唯一的生产资料，农民在市场经济体制下可以通过各种经营生产方式而生存。人的关系多元了，人的利益复杂化了，社会关系的调节单纯靠以往的情感元素或现在的法律体制是远远不够的。在人际关系缺乏信任、人们情感存在普遍疏离之时，道德的协调功能在乡村德治中“出场”。通过借鉴乡村延续的道德资源，通过人们对文化价值观念的道德共识、传统权威等道德教化或道德熏陶的方式，农民在面对陌生的人与事物的时候保持行为的规范。同时，在现代性语境下，道德协调的作用还体现在对利益多元、价值冲突的协调，以缓解农民在市场经济体制中追求利益与道德至善之间的紧张。

（二）约束社会行为

乡村社会公共秩序的维护一般是以法律制度的规约为主要依据。从乡村德治的实施效果来看，道德总是以一种“润物细无声”的方式滋养人的心灵，农民在一种非正式的“隐形制度”下接受道德驯化。从德治的适用领域来看，道德除了在公共领域寻求共识性的道德方案，还涉及个人领域的道德体验。农民对传统普适性的人伦规范与权威道德人士表示道德服从。这样的道德约束手段，更多依赖于乡土共同体的道德传统压力，以及个体道德反思。这样的道德约束虽然不具备法律一样的强制性意义，但是从规范的效果来看，更为深入人心。新时代的乡村德治面临新的道德环境，乡村在陌生人社会体系下朝市场化、城镇化方向发展，其中必然面临着陌生他者的存在、多元利益格局的形成以及突发事件的频发。这时，道德约束可以适时弥补法律制度规范在乡村公共治理中的缺失。第一，有效建构道德行为失范的预警机制。通过对道德行为的适时约束，强调人们对诚信等道德价值的追求，从而形成良好的道德交往氛围。第二，强化农民的道德内化机制建构。通过强调乡村德治进程中的知行合一，防止农民在行为规制中的过度理性以及道德冷漠等状况，从而提升道德在农民行为中的指导作用，使得农民的行为目的合乎道德性，发现和培养个人内在的道德自觉。

（三）**凝聚社会认同**

乡村德治对单一的农民个体来说是一种道德教化功能的体现，当所有农民都对道德规则进行道德服从，那么实际上就意味着大家对某一规训达成了某种道德认同。这就是道德凝聚社会认同的功能。就乡村现实情况而言，在社会转型期，城市化带来了社会的极大进步与现代文明的进一步扩张。与此同时，大量农民从农村来到城市，这一方面导致了乡村“空心化”的状况，同时也带来了农民适应城市的诸多问题。面对这些转型所带来的困境，道德价值有效地充当了农民生产、生活方式的集体记忆，在一定程度上满足了农民的情感需求与道德文化的真实表达，这也有利于乡村治理道德氛围的建构，成为乡村流动人口与乡村原有人口的文化价值互动。同时，乡村道德是时代精神的凝练，是乡土文化的核心体现，是乡村基于传统风俗习惯而达成共识的价值理念，对农民集体行动力具有感召作用，成为凝聚农民参与乡村社会公共生活的重要依据。可以说，在传统价值遭到现代性消解的背景下，注重道德的社会凝聚功能、强化道德认识成为当前德治的重要工作。

二、乡村德治的践行基础

在我国悠久的传统历史文化当中，德治思想最能体现人文意蕴，有着广泛的群众基础，作为一种普适性价值在人们“修身、齐家、治国、平天下”的过程中起着价值引领与行为规范作用。在漫漫的历史发展与熏陶中，德治思想已经深入民心，成为颇具中国特色的治理文化。从历史的德治实践中我们可以看到，不管是孔子所宣扬的儒家思想，还是孙中山所倡导的三民主义都强调德治对于人的全面发展的重要性，区别只是在于德治内容、人文底蕴的不同而已。就新时代的乡村德治而言，我们不仅要以现在转型社会的具体境况为治理前提，而且要从传统的道德思想文化、道德治理实践以及西方德治的批判性借鉴中汲取优秀的文化元素，把一切有利于乡村德治的伦理思维作为当前思想政治工作的理论来源。可以这样说，乡村德治的创新，既是对优秀传统德治思想的继承，也是在继承基础上结合现实境况与现当代思维的创新。乡村德治的践行是寓于不断发展变动的历史环境之中的。

（一）古代德治思想是乡村德治的理论来源

1. 乡村德治思想的历史起源

在人的经济发展与社会背景转换进程中，随着交往规则的道德沿袭，关于规范人的行为的道德因子不断萌生与更新。换句话说，人的德治思维是从日常生活的道德体验中被唤醒，并不断在公共道德生活中得以维系与发展的，人们在德治的框定下接受道德驯化。从最早的人类历史行为可以得知，当时的部落最高领导往往是作为道德榜样的形象而出现在世人面前。在可查询到的经典文化记录中，尧的道德教化行为无疑是值得后人遵循与学习的。《尚书·尧典》中曾记载：“曰若稽古帝尧，曰放勋，钦明文思安安，允恭克让，光被四表，格于上下。克明俊德，以亲九族。九族既睦，平章百姓；百姓昭明，协和万邦。黎民于变时雍。”对此，庄子也十分认同这样的德治模式。《庄子·天地篇》将原始社会称为“至德之世”，对此，马克思也认为他所理解的原始生活“没有大兵、宪兵和警察，没有贵族、国王、总督、地方官，没有监狱，没有诉讼，而一切都是有条有理的”[①]。然而，毕竟受时代局限性与阶级局限性所限，在我国原始社会时期，人们对德治的社会认同处于一种模糊状态，对道德楷模的认同基于人内心对于道德至善的追求，尚未形成完整的德治思想理论体系。随着历史的更新，周朝统治者在借鉴前人教训的基础上，提出了以德治为基础的治国理政方略。周公数次提出“明德慎罚”“敬德保民”“以德配天”的思想，开德治之先河。这种通过德治进行自我约束的思想在当时立即受到了老百姓的拥戴，并对此后的儒家治国思想产生了极大的影响。

2. 德治思想的系统成形

德治思想在春秋战国时期得以系统成形。在这个时期，各种思想百花齐放，人们在思想多元的环境中思考我国社会发展的客观规律，并依此形成独具一格的治理理念，并为后世所学习。从法家的思想中我们可以看到，韩非子虽然从理论体系上反对道德的价值，认为只有通过法律手段的坚定执行，才能达到依法治国的目的，但从本质上说，其法治思想内蕴着德治的思维。《管子•牧民》记载：“国有四维，一维绝则倾，二维绝则危，三维绝则覆，四维绝则灭。倾可正也，危可安也，覆可起也，灭不可复错也。何谓四维？一曰礼、二曰义、三曰廉、四曰耻。礼不逾节，义不自进。廉不蔽恶，耻不从枉。”在管子看来，倘若一个国家在社会管理中缺乏礼、义、廉、耻的基本人伦，那么这个国家将处于混乱之中。他所强调的“耻”的维度，就是德治思想的很好体现。可以说，它是思维的基础，无他，其他思维也很难实现。而韩非子虽然从形式上认为儒家的德治思想不足以成为国之重器，而只有“不务德而务法”“唯法为治”才是王道，但实际而论，韩非子提倡公德之心，而反对私德之利好，这实际说明他是主张一种基于公共利益的德性。为此，他曾指出“臣事君，子事父，

① 马克思恩格斯全集（第4卷）[M]. 北京：人民出版社，1995：681.

妻事夫，三者顺则天下治，三者逆则天下乱。”同时，他又特别注重情感因素在法治中的影响，提出，“凡治天下，必因人情”，这实际上意味着他在强调法治的同时，也认识到人毕竟是情感的动物，治国管理者应以人性为基础，既要有严明的法律来规训，也要有道德方面的以情动人来匹配。墨子作为墨家学派的代表，“兼爱非攻”是其核心思想。实际上，兼爱的思想就蕴含着德治的浓厚底蕴。墨家提倡一视同仁，反对等级制的人伦观念，认为国家治理的重要基础在于要兼爱，“若使天下兼相爱，国与国不相攻，家与家不相乱，盗贼无有，君臣父子皆能孝慈，若此则天下治”，并深刻提出，“兼相爱，交相利”的论断。在政治上，墨子主张“尚贤”，认为“尚贤者政之本也”“古者圣王之为政，列德而尚贤。虽在农与工肆之人，有能则举之”，这些兼爱、非攻、尚贤的思想实际上都是德治思想的体现。而以老子、庄子为典型代表的道家思想则更多意义上推崇自然而然的无为之治。老子提出，“道生之，德畜之……是以万物莫不尊道而贵德。道之尊，德之贵，夫莫之命而常自然”。他认为“道生一,一生二……”，“道”生长万物，“德”养育万物，但“道”和“德”并不干涉万物的生长繁衍，而是顺其自然。在国家治理中，他主张“我无为，而民自化，我好静，而民自正，我无事，而民自富，我无欲，而民自朴”。管理者应该更多地去用道德教化人，不压制百姓，社会才会稳定发展，顺应自然，无欲无求，以无为而成德治。

一提到德治思想，人们总是第一时间提及孔子所代表的儒家学派。或者说，人们在某种程度上把德治等同于儒家的基本主张。与此相对应的，孔子所处的时代，正是春秋时期“礼崩乐坏”的社会危机时期，“社会的凝聚已经恶化到危急的关头。社会的黏合剂已经无效了”①。在这种时代背景下，孔子在基于历史经验与历史现状中找到了自己的治理方案，那就是为政以德的国家治理方案。《礼记·礼运》记载，孔子言：“大道之行也，与三代之英，丘未之逮也，而有志焉。”为了达到他所推崇的大道之行，孔子提出整个社会要做到“克己

① 史密斯 . 人的宗教 [M]. 刘安云，译 . 海口：海南出版社，2001：172.

复礼”。为此，他向统治者谏言，要以道德教化作为国之根本，要“道之以德，齐之以礼，有耻且格。”季康子问政，孔子曰：“政者，正也。子帅以正，孰敢不正。”然而，受当时社会发展环境因素影响，在封建制度刚刚兴起的社会动荡不安期，各国都亟须大量发展生产力以发展武力，因此法家所倡导的法治思想迎合了当时统治阶级的需要。德治思想在当时没有受到统治者的足够重视，孔子只得周游列国，推行德治主张，但不得其法。尽管如此，以孔子为代表的德治思想确实是在我国影响最为深远的思想流派。他所倡导的“天下为公”“大同世界”，一直为人们所津津乐道。就其德治思想内容而言，具体包含以下三个方面。

（1）关于德治思想的制度准则。孔子在主张德治思想时，提出了一系列制度准则以确保德治思想的推广与实施。孔子注重“礼制”，而礼制最早是表示祭祀活动的一系列程序，而儒家的德治思想把礼制衍生为人们日常道德生活的礼仪、礼节，甚至是规范公序良俗的道德准则。可以说，礼制是整个德治的核心。同时，孔子强调仁，认为“克己复礼为仁”，礼与仁二者密不可分，相互统一，又相互影响。荀子作为孔子思想的集大成者在主张性恶论时，就极力主张以礼治国，他提出“人之命在天，国之命在礼”，强调“隆礼尊贤而王”。

（2）关于德治的治国理政方略。对于统治者的政治行政而言，孔子认为：“为政以德，譬如北辰，居其所而众星共之。”可以说，孔子将德治作为整个统治阶级行使权力的核心要件，在其后的儒学代表孟子、荀子的思想延续及完善后，形成了完整的德治治理方案。儒家强调，德治的关键因素在于统治者所具备的道德修养，好的道德修养自然会有好的治理结果，所以他希望统治者们能够修己、慎独、自律，作出表率。可见，只有统治者的德性达到一定的境界，率先垂范，老百姓才会真正信服其统治，从而达到内圣外王的境界。当然，德治的关键还在于仁政。孔子所提出的仁者，更多意义层面指的是以民为本，得民众之心。孔子倡导“泛爱众而亲仁”，统治者要爱护老百姓，其统治才会得以巩固，因为这是其治理的根基所在。后世魏徵所谏言的“水能载舟亦能覆舟”是这一思想的体现。另外，孟子认为“得乎丘民而为天子，得乎天子为诸侯，得乎诸侯为大夫”，进而得出了“民为贵，社稷次之，君为轻”的结论，主张“施仁政于民”，并提出了较为系统的仁政思想体系。当然，尚贤也是儒家德治的关键内容。孔子认为“举贤才”是德治的重要路径，孟子曾指出在治理国家时要“贤者在位，能者在职”，一代明君如果失去了贤才他也很难成事。荀子在选择人才时第一次提出了“德才兼备”的选人原则，这也为我们现代人力资源绩效管理所强调的“德、能、勤、绩”提供了理论来源与实践依据。

（3）关于行之以德的日常行动规约。在社会发展的德治视野中，儒家强调对人的生活细节进行道德规约。在对待公共行为的维护上，儒学的主流——孔孟之道的基本思想是重德轻刑。在对人们的行为约束中不应一味强调刑罚，而是要将德治的思想与刑罚相结合，按照孔子的说法是“宽以济猛，猛以济宽，政是以和”，对此，孟子也认同德治与法治的协同，“徒善不足以为政，徒法不足以自行”。荀子的主张也沿袭了这一思路，“治之经，礼与刑，君子以修百姓宁，明德慎罚，国家既治四海平”。总体而言，在德治与法治的关系上，孔子及其儒家代表都主张德治为主，法治为辅，而最终是为了实现“世界大同”。“季康子问政于孔子曰：如杀无道以就有道，何如？孔子对曰：子为政，焉用杀？子欲善而民善矣。”孔子又说：“道之以政，齐之以刑，民免而无耻；道之以德，齐之以礼，有耻且格。”可以说，儒家在处理德与法的关系上，思路清晰，令人信服。

（4）关于德治思想的宣传教化。孔子的德治思想通过其本人以及弟子的宣传、教化得以广为流传，尽管在当时由于统治阶级自身利益所限而未能得以重用，但其儒家经典的德治思想的确为后世国家治理留下了宝贵的理论源泉。孔子认为，道德的宣传意味着道德的意识要进入百姓的心中，而道德的教化则是统治阶级维护统治、进行社会治理的有效手段。为此，孔子强调作为统治者本身要讲究道德修养，要做到“言传身教”，以自身言行去引导民众的道德认同。同时，还要加强道德教育。孔子本人就广收弟子，并最早开坛讲学，这也是其德治思想能够沿袭千年，并为后世奉为经典的缘由。他强调“德教为先”，在选拔人才时要注重德才兼备，以德为先。

3. 德治思想的沉浮与发展

我们知道秦王朝的统治者并未对德治思想予以重用，相反，秦始皇听信了韩非子“道德无用论”的说教，把法家思想上升为治国理政的首要选择，很多认同法家思想的人物着手治理国家。他们通过实施严格的法治，主张刑罚，通过严格的等级制度确立了秦王朝强大的中央集权，但值得说明的是，法家思想严苛的制度并未对君主的权力进行实质性的限制，更多地沦为统治者统治国家的工具，甚至出现了“焚书坑儒”的政策，这也使得许多儒学经典要义受到了毁灭性的打击。儒家的德治思想在秦朝并未能得以展现，德治思想只在民间具有一定的影响力。在法家思想作为秦王朝主导思想的背景下，儒家思想处处受到压制，可以说在秦朝时期，儒家的德治主张处于“至暗时刻”。

两汉时期，儒家德治思想的处境迎来了新的历史阶段与发展时期。在秦朝，德治备受压制，而在汉朝德治思想开始备受统治者所推崇。西汉初期，在经历了推翻秦王朝的战争所带来的阵痛后，统治阶级开始采取休养生息的无为而治政策。在国家治理方略上奉行的是道家思想的无为而治，尽管当时德治思想未能成为统治阶级治理国家的核心思想，但总体而言，统治者认识到过于严苛的法治并未能带来长久之治。在总结历史经验时，统治阶级认为法家思想的极端奉行是其教训，不讲德治的统治是不能长久存在的，离开了道德的规约，社会不能稳定地发展。经陆贾、贾谊和董仲舒等儒家学者的极力倡导，儒家的德治思想对现实社会的积极意义日益凸显，并逐渐为统治者所采纳，在《过秦论》中，贾谊认为秦国灭亡的根源在于“仁义不施，而攻守之势异也”。秦国能够灭六国而统一中国，不可谓不强，然其空有强大武力支撑却不施仁政，最终落得“二世而亡”的结局。同时，儒家学者也对自身的历史发展境况进行了深刻反省，意识到要将德治思想发扬光大，必须得到统治阶层的认同与垂青。而要成为统治阶级的理论支撑，儒学的诸多经典要义都要根据统治阶级的治理需求与时代的境遇进行相应的变通，通过对自身的调整以满足统治阶级治理的政治需求。一方面，当时统治者在法家势衰的情况下亟须德治学说来加以补充；另一方面，儒家则亟须统治阶级的力量来推行自己的主张。由于利益上的各取所需，以及当时时代发展的境况，儒家思想开始逐渐繁荣与兴盛起来。儒家学者自孔子开始就为德治学说在国家政治生活中的落实而奔波、呼吁，终于在汉朝修成了正果。公元前134年，汉武帝采纳了董仲舒的建议，“罢黜百家，独尊儒术”，德治教化成为治国之道。

(二) 思想政治工作的优良传统是乡村德治的现实基础

思想政治工作作为德治在我国政治实践中的重要内容历来受党中央的高度重视，通过思想政治教育工作的全面推广服务社会、管理社会，也是党的优良传统与政治优势。要落实好乡村德治的相关政策，继续坚持和加强思想政治工作是非常有必要的，我国从改革开放四十多年以来的思想政治工作实践中已经摸索出了许多符合我国国情的典型经验与成功方案，这也成为新时代乡村德治与社会管理的理论资源与重要法宝。

1. 坚持以先进的理论指引人

在国内外国家治理者的治理选择中，思想政治教育由于其自身所具备的意识形态功能通常被统治者所喜爱与选择。通过不断的宣传与教育，思想政治教育工作者将其社会的主流价值理念在社会中不断渲染，使其被人们信服与接受，以促进社会的稳定，维护统治者的地位。在我国的治理视野中，马克思主义作为我国思想政治教育工作的根本指导思想，在我国革命与经济建设中得到了充分的实证。改革开放四十多年以来，我们坚持把马克思主义作为意识形态领域的核心思想，在社会治理的现代化进程中取得了举世瞩目的成就。倘若放弃马克思主义的指导地位，那么整个社会将处于一种“无根主义”的状态，思想政治教育将丧失其本质属性和存在意义，乡村德治就会失去其存在的伦理土壤。

改革开放四十多年以来，中国共产党一直坚持和巩固马克思主义在意识形态领域的核心地位。邓小平特别强调，“对马克思主义的信仰，是中国革命胜利的一种精神动力”“把马克思主义的普遍真理同我国的具体实际结合起来，走自己的路，建设有中国特色的社会主义”①。改革开放的成功践行证明，马克思主义作为我们改革开放的指导思想，在社会主义物质文明、精神文明推进中起到了至关重要的作用。随着改革开放的持续深入，我国已进入改革发展的关键时期，“四个深刻变化”导致人们的价值观念多元化趋势凸显，在中国特色社会主义建设事业中马克思主义的指导地位在一定范围内面临严峻挑战。现在是全面深化改革开放的关键时期，尤其是5G通信时代的来临，各种智慧信息技术如雨后春笋般出现，多元的文化、大量的信息充斥着网络空间。一些国家用一些隐性和平演变的手段，费尽心机推广与宣扬所谓的“普世价值观”，极度奉行文化霸权主义，妄图将自己的思维价值体系复刻到其他国家。我们应该对此有清醒的认识，在乡村德治中要不断加强思想政治教育工作，协调处理好多元文化的共融共通，在文化建构上力求做到和而不同，美美与共。

2. 坚持思想政治工作在德治中的核心地位

思想政治工作是乡村德治最终实现的重要手段，它能最大限度地统一人们的思想和行动。乡村德治的实际工作同乡村法治思想有着质的区别，前者注重自律，后者注重他律。为此，乡村德治的重点在于乡村基层管理者要做好相关的德治宣传工作。我们通过思想政治教育工作，能有效地将乡村公共管理者的德治思路与政策传达到农民，或广而告之，或口口相传。同时，乡村德治中的思想政治工作既有根本目标与任务，又有具体目标与任务；围绕各个时期党的乡村治理事务开展思想政治工作，保证党在各个历史时期各项社会管理政策的贯彻执行。这并不是所谓的“工具论”，而是思想政治工作的“天经地义”，也是我国社会建设和社会管理事业取得成功的有力保证。由此可知，我们要继续坚持思想政治工作在德治中的核心地位。一方面，思想政治教育工作的各个环节都是紧紧围绕国家德治的需求，并为乡村德治的实现塑造了较好的思想环境与舆论氛围；另一方面，思想政治教育工作在每个时代都有不同的战略任

① 邓小平．邓小平文选（第三卷）[M]. 北京：人民出版社，1993：382.

务，新时代的乡村德治对思想政治教育工作提出了新的要求，因此，我们要让新时代的思想政治工作在适应时代发展的战略性转变中，找到自身的位置。

3. 坚持“从群众中来到群众中去”的工作方针

群众路线既要做到从群众中来到群众中去，又要做到以群众为工作对象，宣传、发动、教育、引导群众。从本质上说，思想政治教育工作的所有具体任务与指标都离不开人。改革开放四十多年以来，中国共产党在乡村治理实践中的思想政治教育工作，正是践行党的群众路线教育实践活动的过程，群众路线早已成为乡村德治中思想政治工作的优良传统和政治优势。无论是在中华人民共和国成立初期，还是在改革开放时期，群众路线作为中国共产党的思想政治武器，都充分体现了中国共产党一切为了人民、为了人民的一切以及为了一切人民的执政理念。在思想政治教育工作中，只有真正实现合规律性与合目的性、工具理性与价值理性的辩证统一，乡村德治才会真正贯彻落实。只有广大干部群众都能掌握群众路线这一根本工作路线，才能做好社会管理工作。在新时代背景下，乡村德治中的思想政治工作仍要坚持群众路线的法宝，要通过解决人民生活中的现实问题达到引导人民群众不断提高自身精神境界的良好社会管理和服务效果。

4. 坚持不断创新，与时俱进

随着中国特色社会主义进入新时代，我国经济、政治、社会、文化全面进入转型期，我国社会的结构以及阶层等方面都出现了重要的变化，社会结构出现了阶层化，社会利益主体更加多元化，社会阶层也逐渐趋于复杂化，在社会的张力不断强化的同时，社会矛盾也是此起彼伏。新的历史条件和社会环境对作为一种重要社会管理方式的思想政治工作提出了更高的要求，思想政治工作需要与时俱进、不断创新，适应时代特征和时代要求，达到凝聚人心的目的。

党的十八大以来，习近平总书记紧密结合改革开放和社会主义现代化建设新实践，发表了一系列重要讲话，提出了一系列治国理政新理念新思想新战略，进一步深化了我们党对共产党执政规律、社会主义建设规律、人类社会发展规律的认识。这些科学论断的提出，从党的思想路线的高度强调了与时俱进的极端重要性，不仅进一步丰富了党的思想路线的内涵，而且为社会管理中的思想政治工作提供了保持生命力的方法论基础。新时代新农村的思想政治教育工作，时间不同了，条件不同了，对象不同了，因此解决问题的方法也不同。这就要求在新的历史条件下社会管理中的思想政治工作，必须结合实践的发展继续保持思想政治工作与时俱进的品性。这样才能跟得上时代的步伐，发扬以往的优势。

（三）国外先进经验是乡村德治的“他山之石”

思想政治工作是人类社会自产生之日起就普遍存在的社会现象，古今中外各个国家的统治阶级为了占据思想上的统治地位，在社会管理过程中采取各种思想政治手段以实现巩固统治、维护社会秩序之目的。古希腊哲学家亚里士多德在两千多年前思考城邦治理的时候，就十分强调德性对于城邦治理的重要价值。他认为，城邦幸福与个人幸福是一致的，皆有赖于外物诸善、躯体诸善和灵魂诸善三个善因。好的城邦，不但需要好的公民和政体，更需要好的德性。“凡能成善而邀福的城邦必须是在道德上最为优良的城邦”“如果公民没有守秩序的习惯，如果没有受过守秩序的精神训练和教育……任何最有效的法律都没有用处”[①]。由此看来，思想政治工作手段在古时政治社会活动中早已为人们识之、用之。统治阶级都要通过有目的、有计划的宣传教育，利用统治思想来影响社会成员，培养他们的政治认同和行为的一致性。西方资本主义国家在社会治理的现代性转型中，为了维护资产阶级的阶级利益和统治地位，建立了与他们国情相适应的社会治理体制机制和社会政策体系，逐渐将加强和创新社会治理的重点放到了德治上。这从以下几个主要资本主义国家思想政治教育实践中可以看出。研究发达国家社会管理中思想政治工作的理论与实践、经验与教训，把握社会管理中思想政治工作的普遍规律，对于提高我国乡村治理水

① 亚里士多德．政治学 [M]. 吴寿彭，译．北京：商务印书馆，1983：342.

平，有着极其重要的借鉴意义。

1. 美国社会治理中的“国退民进”

美国作为现今世界综合国力最强的国度，其社会治理的理论与实践值得我们学习，其社会管治方法自成体系。实际上，美国社会治理也是逐步科学化、合理化的。在经济飞速发展的同时，美国一些经济体制改革的附加效应显现出来，出现了基尼系数扩大等贫富分化现象，公共秩序的稳定受到极大的威胁。在这一时期美国以“进步运动”和“新政”为代表进行改革，以反垄断、保福利推动社会建设与发展、促进社会和谐。自20世纪90年代以来，美国政府从关注贫困逐渐转向关注社会排斥和社会融合。它通过“社区干预”等社会工程以及较高的社会福利，向国民提供基本的社会保障，解决社会矛盾。同时，我们应该注意到的是，美国是一个多元文化融合的“移民天堂”。因此，移民问题一直是美国政府比较关注的问题，由于美国移民众多，分布广泛，信仰各异，而政府能力的有限性决定了其在面对移民浪潮带来的社会问题和公共事务压力时往往显得有心无力，建设共同社区，用共同的社会力量协助政府做好社会治理管控是一个好的选择。正如美国前总统克林顿所说的：“机会的观念作为统一的动力贯穿于我们的历史。它引导我们尽最大努力，它吸引其他国家的人抵达我们的海岸，它让我们所有的人都投身于一个共同梦想。”① 基于这样的理念，美国公共治理把公民的社会保障、公民的幸福感与获得感视为公共目标，力图建构善治框架下的治理理念。主要体现为以下三个方面：

（1）建构责任政府。美国政府力图建构一种责任政府的形象，为此，在公共服务的提供方面政府应当成为第一责任人的角色。社会保障是公共服务领域的首要考量，美国通过财政支出方面的重大投入，进一步完善了美国社会保障制度，通过其强大的经济实力为美国国民提供较好的社会保障服务，间接缓和了社会矛盾，也缓解了政府与美国公民之间的紧张关系。20世纪中期以来，

① Clinton B. Meeting American’s Challenges for the 21st Century[J]. Time Books, 1996: 13.

美国的顶层制度设计中就一直强化社会保障方面的投入，构筑起一套比较完善的社会福利体系和社会安全网，有效调节社会资源和财富的合理分配以及各阶层的利益冲突，维护了社会稳定。可以说，这些都是美国建构责任政府所进行的举措，也得到了美国国民的支持与赞赏。

（2）强化第三部门的作用。所谓第三部门是指除开第一部门政府、第二部门企业之外的其他非营利性组织与自愿性组织。第三部门的兴起是一个国家经济社会发展到一定程度的标准，同时也预示着公民社会的到来。许多其他国家的公共服务是由政府承担的，而美国却让第三部门通过其非营利化的运作参与进来，或者是将公共服务民营化。在美国，法律规定的第三部门组织包括 150 多种类型，涵盖各种社会领域，功能十分广泛。通过这些年的发展，第三部门的数量得到极大的提升，服务质量也受到美国国民的认可，甚至成为美国社会治理优越性的一种体现。美国通过合理的资源配置，充分利用第三部门的角色作用，较好地处理作为第一部门的政府与第三部门的非营利性组织间的关系，使其良好互动，协同互助，共同为美国国民提供了值得称道的公共服务。

（3）强调治理中心的下移。随着美国社会治理现代化理念的增强，重视社区微治理，强调治理重心下移成为美国公共管理的趋势。社区治理的实质是美国民主化意识要求的显现，多元角色的社区参与、多重利益的博弈成为社区治理的广泛需求。而这一治理理念的实现，其关键要素在于居民的参与和公私机构的协助，并在此基础上有效调动和优化配置社区内的一切资源。强调治理重心下移与角色多元化参与，已经成了美国公民社会治理的主要管理形式，美国政府在此过程中追求适当的政府形象，“政府不是管得越多越好，而是管得越少越好”“让政府的归政府，让市场的归市场”已经成为一种深入人心的口号，美国政府较少干预企业与社会事务，而专注于社会公共职能，强化社会自治，鼓励公共服务的多元参与，这些都是值得我们学习与思考的。

2.英国社会治理中的“教育至上”

英国的思想政治教育一般被称为“公民教育”，其核心内容是有关社会意识、公民意识、奉献精神和勇敢诚实无私的优良品质以及个人的责任义务问题。一些专门性的思想政治工作研究机构相继产生，这些都得到了政府的支持，它们不仅研究有关道德和道德教育的理论问题，还为学校和社会编制道德教育的计划、教材以及进行师资培训。

20 世纪 90 年代，英国“学校公民教育与民主教育顾问小组”发布《科瑞克报告》，就公民教育的必要性、目的、内容、方法、重点等作了阐述。20 世纪 90 年代末，英国对思想政治教育进行了进一步调整，认为 21 世纪的竞争对于德育既是压力又是挑战。新世纪以来，公民教育逐渐成为英国中小学的必修课之一。英国学校公民教育有三大特点：①以公民科和历史科为专门课程；②以宗教教育和道德教育为主要手段；③以个人、社会与健康教育（PSHE）等为辅助课程。1999 年，英国资格与课程局宣布，从 2000 年起，在小学阶段已有的个人、社会与健康教育中进行公民教育，但不作法定必修课；从 2002 年起，在中学阶段开设公民课作为非核心基础必修科目之一，并开设相应的个人、社会与健康教育课作为非法定科目对公民教育课予以配合。同时，资格与课程局还发布了每个学习阶段公民教育的具体内容和要求。在欧洲一体化不断推进的时代，英国的公民教育研究院开发了“欧洲公民”教育课程，力图向学生传授有关的知识、技能，使之懂得如何在国家和地区事务中发挥作用。个案研讨是“欧洲公民”课程的主要教学方法。可以看出，英国的公民教育主要是围绕着人与人、人与社会以及人与环境这几对关系进行的，同时兼顾知识的传授、公民责任感与公民能力的培养，其内容具有一定的连贯性。综观英国社会管理中公民教育的理论与实践，其主要有以下几个特点：

（1）注重发挥宗教作用。英国的宗教传统非常浓厚，教会开办的学校约占英国学校总数的 1/3。基于历史视角而言，宗教教育乃中世纪时期英国思想政治工作的实质所在，在宗教色彩的熏陶下，主要由教会及其创办的学校承担的道德教育怀有强烈的政治目的，它充分利用民众对神秘力量的崇拜或恐惧心理，使得宗教成为压榨恐吓民众和奴化民众思想的重要工具。总的来说，中世纪时期宗教在思想政治工作中以负面影响居多。文艺复兴运动的勃兴给英国的道德教育带来了深远影响，神的权威逐渐被人的价值和理性取代。宗教的目的已不再局限于宗教事务本身，即通过灌输教旨培养圣职人员，转而将年轻一代的价值观培育和思想道德发展作为主要目的，借此培养他们宽容、理解的国际公民素质。由此可见，宗教在现代英国思想政治工作中的地位不可小觑，在调和社会利益关系、树立社会道德典范、提供精神动力支撑等方面具有无法替代的功能。

(2) 教育方法的多样性。从教育方法上看，英国社会管理中思想政治工作较少使用有领导、有组织的显性工作方式，多采用间接、多渠道的隐性方式。在具体的做法上，经常运用艺术型的暗示方法，借助教育、习俗、期望、理想、礼仪、文娱等手段实现思想政治工作目标，例如，各种期望性口号和餐桌礼仪等都有利于思想政治工作的有效开展。即使在学校，进行思想政治工作的方式也是多样的，例如，教育学生向国旗敬礼、唱国歌、参与公益活动和志愿活动等行为规范，组织学生到政府部门参观体验公共事务，等等。英国学校虽未开设专门的思想政治理论课程，但是老师都肩负着“教书育人”的双重职责，且“育人”往往处于首要地位，牛津大学就提出“造就一个人，不是撰写一本书”的口号，在导师负责制下，导师既承担学术上的教导又肩负思想上的引导。教育方法的多样化使得机械式的灌输德育变得生动有趣，为学生喜闻乐见，从而提高了思想政治工作的实效性。

3.新加坡社会治理中的“价值至上”

(1) 注重社会保障体制机制建设。西方发达国家在公共治理方面的共识是强化社会保障等公共服务建设。通过这些年的公共保障制度建设，新加坡基本实现了社会保障服务的全覆盖，为国民安全感提升与社会稳定做出了巨大贡献。

(2) 强化社会管制。在公共治理的管控过程中，强调程序正义，用比较严苛的法律对待那些公共秩序的破坏者，让其付出较大的违法成本，当然这些措施一度让新加坡的社会环境、社会秩序得到很好的优化与提升。譬如，在公交车上吸烟、喝饮料会被罚款2000新元。新加坡还保留古代的鞭刑和绞刑，如在建筑物上乱涂鸦者和外国人逾期不回国者，都可以处以数月的监禁和鞭刑。严格的法律的颁布与执行在一定程度上让人不敢越雷池一步，公共利益得到有效保障。

（3）拓宽民众利益表达渠道。倾听民声，重视民意，一直是新加坡执政者的执政理念，这是因为政府与人民行动党（新加坡执政党）竭力听取民众的心声，然后再反映到政策上面。人民行动党从表面看覆盖不广、痕迹不显，但实际无处不在：议员身份、社区基层组织、社区发展理事会、市镇理事会等无一不被政党紧紧抓住、推到台前，作为联络民众的有效手段。每周必有一个晚上，支部工作人员会协助党支部主席（当晚的身份是该选区议员）接待民众，议员使用专用信封致信有关部门使得民众反映的问题能快速有效地得到解决；议员在社区领袖的陪同下入户家访也是密切与民众联系的重要方式。通过执政党与普通民众的良好互动，民众的合法利益得到了有效保障。

三、乡村德治的实践路径

（一）积极转变观念

改革开放四十多年的治理经验证明，我国历久弥新的中华道德传统经过长期的文化沉淀对社会公共秩序地位维护起着关键性作用。对传统道德的继承与发扬符合乡村农民的根本意愿，有利于新时代乡村振兴与美丽乡村建设。然而，在改革开放进入深水区时，西方道德价值观念的侵入使得乡村农民所固有的传统道德思想受到前所未有的挑战与冲击，西方价值以“民主”“自由”的幌子刺激着少数人的神经。在这些冲击和侵袭下，许多人对中国优良的道德传统的进步性产生了怀疑。因此，乡村德治在思想道德观念上必须坚持弘扬中华民族优秀传统美德，提高农民的道德素质和道德修养，从而加强社会主义道德体系建设。

1. 加强农民自身品德的修炼

在西方观念中一味强调的个人主义、极度自由主义演变为拜金主义、物质主义等不良风气时，我们应该追求自身的价值信仰，用以自觉指导自己的行为，并进而铸造成良好的道德品质，只有这样才能在社会生活中发挥应有的功能。我们清楚地知道，乡村公共秩序的稳定有待于乡村农民自身品德的修炼。对农民品德的内涵主要从三个层面加以认知：一是积极践行社会主义核心价值体系，在乡村社会生活实践中，从国家、社会、个人三个层面贯彻社会主义核心价值观，从思想上提供认识，从行动上坚决执行。二是继承优秀的乡村传统文化。优秀的乡村传统文化是经过历史和实践检验的，反映了广大农民对乡村的热爱，以及在乡村历史文化中沉淀出来的乡村优良传统和品质，如助人为乐、尊老爱幼，等等。三是弘扬伟大的时代精神，要按照新时代新农村建设的要求，树立符合时代需要的新思想、新道德、新观念，比如，带头移风易俗，养成健康文明的生活方式，践行公民基本道德规范，努力提高整体素质，等等。

（1）大力推进基础性的农民品德教育。在乡村德治的道德实践中，我们要通过形式多样、内容丰富的教育活动，以农民喜闻乐见的形式丰富乡村德育的教育平台，使农民充分了解新时代背景下乡村社会生活各个方面的道德规范。而乡村中小学校是系统进行个人品德教育的主要阵地，必须全面推进素质教育，把教书与育人有机结合起来，把优良的个人品德内容渗透学校教育环节的各个部分。乡村社会同样是个人品德教育的重要场所，因此必须从乡村道德实际出发，综合运用多种形式和手段大力宣传与农民品德相关的基本内容和社会需求，保证农民品德教育的良好效果。

（2）有效营造农民品德建设的良好氛围。乡村社会要积极用正确的舆论引导人，在乡村道德实践中，社会舆论作为一种有效的道德评价方式，在乡村农民的口口相传中得以强化，对农民的品德建设发挥重要作用。在乡村这样的熟人社会，人们之间因为熟悉而相互信任，当个人的言谈举止得到社会舆论的肯定和赞扬时，便会激发其道德感的产生。反之，当个人的言谈举止受到社会舆论的谴责时，个人便会感到心里不安、焦虑和羞愧，从而进行自我反省，纠正其不良行为。农民间口口相传的思想观念及思想内容是否健康，直接影响着农民的内心世界，因此必须加强正确的个人品德行为的引导，以科学的道德观念武装农民，以先进的道德模范激励农民，以正确的道德行为影响农民，以积极的舆论影响改变农民。

（3）深入推广农民品德建设的实践活动。农民品德建设的深入推广需要以一定的主题活动形式进行。在具体的道德主题实践推广中，我们要积极组织农民参与品德教育主题实践活动。要坚持农民品德教育和农民品德实践相结合，把农民精神文明创建活动作为农民品德建设的有效载体。要把农民品德建设融入乡土社会农业生产生活过程中，使农民在社会实践中提升精神境界，继承传统美德，弘扬时代精神，积极投入乡村振兴与美丽乡村建设的伟大事业之中。

2. 注重农民家庭美德建设

家庭作为农民道德要素的主要溯源地，是乡村社会主义精神文明建设的重要载体。良好的家庭美德有利于乡村社会公共秩序的稳定与和谐，基于此，我们必须积极树立家庭观念，建构符合社会主义核心价值观的良好家庭美德。从农民家庭美德建设来说，家庭美德建设是一项多层面、多维度、多渠道的系统工程，需要农民、政府和社会多元力量的共同参与。

（1）塑造良好家庭文化氛围。家庭文化氛围是农民道德品德建设的外部条件，良好的家庭文化是家庭美德建设的依托和基础，直接影响着家庭美德建设的速度、进程乃至方向。①要加强家庭表层文化的建设，营造一个干净、整洁、和谐的家庭形象，让人们“爱屋及乌”。②要加强家庭中层文化的建设。这就意味着乡村道德个体在家庭这个传统道德孕育的微型场域中要遵守那些代代相传、人人共识的道德潜规则。这些大家默认的不成文的规则，对家庭成员间的道德规训起着约束与监督的重要作用。③要加强家庭深层文化的建设，要树立一个世代相传、与人为善、助人为乐、谦让礼貌的良好家风。

（2）培育家庭成员道德修养。美德建设的个体基础在于道德修养的提升。在家庭美德建设中，家庭成员既是对象，又是主体，努力培养和提高家庭成员的认识、评价和选择能力，对于家庭美德的建设具有重要的意义。只有提高家庭成员道德修养，才能使其主动参与家庭美德建设活动，并按照家庭美德的基本要求，主动规范自己的行为。

（3）强化农民生产生活的实践教化。农民品德修养的体现更多的是在其社会生产生活中。而实践教化是传递家庭美德规范的重要手段，实践教化以其固有的逻辑深刻影响着家庭成员道德行为。农民社会实践教化通过家庭、生产生活的各个环节凸显其作用。

（4）注重家庭美德的制度化约束。对于乡村德治的建构，制度化的规约是必不可少的。就乡村农民家庭而言，其现代家庭美德的建设，需要寻求法制化的支持。一是要根据乡村家庭伦理生活中出现或可能出现的严重问题，尽快制定或完善各种规章制度。道德约束是一种自律，如果要强化这种约束，那么我们可能要将其法制化，这也是乡村德治法治化的必要的环节。

3. 重塑乡土社会公德

列宁曾指出“社会逐渐习惯于遵守数百年来人们就知道的、数千年来在一切处事格言上反复谈的、起码的公共生活规则”，这正是乡土社会公德的写照。社会公德与其他道德相比具有广泛性、简单性、稳定性和渐进性这四个特征。

（1）强化农民对社会公德的正确认知。社会公德是农民在公共生活发生时所体现出来的公共素养。构成公德素质的首要因素是对社会公德的正确认知，一个人对公德的判断能力、评价能力和选择能力同他掌握的公德认识紧密相关。在乡村德治的过程中，我们必须大力宣传和倡导社会公德，积极表扬遵守社会公德的高尚道德行为，以营造促进乡土社会团结、有序、活泼、奋进的文化氛围，使得农民在乡土社会生产生活中能遵纪守法、与人为善、讲究道德。

（2）强化法律对农民社会公德形成的规范价值。法律是一种强制手段，而在社会公德的形成中我们需要用法律的强制以固化社会公德在农民心中的重要性。这些要求在乡村德治中保证了农民生产生活道德行为的稳定性与规律性。

（3）强化主题实践活动对农民社会公德建设的载体效应。以主题活动为载体，不断拓展社会公德服务的领域和内容，才能在广大农民中形成良好的公德意识和公德习惯。在乡村社会道德实践中，我们要结合时代特色与乡村实践具体情况，以农民喜闻乐见的形式让乡村社会公德建设于无形之中，让农民群众在心情愉悦的情境下提升道德修养与审美品位。

（二）政府转变职能

对于乡村德治而言，最为重要的一点是政府职能的适时转变。从经济转型来看，一个完全开放、成熟的市场经济体制有待进一步完善；从政治转型来看，中国共产党一党执政的政治协商制度更趋成熟；从文化转型来看，乡村传统文化的封闭性被打破，外来文化甚至是外国文化的融入是如今乡村德治建设所面临的新境况。波普曾经说过，和谐的民主社会，道德不应当政治化，但政治却应伦理化。乡村德治的核心价值就是遵循社会主义德治的政治伦理原则和理想。

1. 坚持集体主义传统理念

集体主义是一个世界性词汇，在国外，集体主义概念最早出现于18世纪，从斯大林对集体主义的表述中可以看到，集体主义包含三层含义：①在社会主义条件下，个人利益与集体利益有着内在的一致性，二者是辩证统一的；②集体主义并不否定个人利益，相反是要保证集体中每个人的全面发展，给个人利益以最充分的满足；③个人利益离不开集体利益，集体利益的实现是每一个人的利益实现的前提和条件。[①] 集体主义在我国几十年的乡村治理中一直发挥着巨大的约束作用，是我们历来倡导的一种基本的道德原则，在现代乡村德治中我们应该继续坚持该原则。

（1）个人利益服从于集体利益。在乡村道德生活中，人与人之间的交往是意志力与意志力的较量，更是利益之间的博弈。乡村德治作为一种乡村的公共治理范式，始终体现了广大群众的集体利益与个人利益的高度一致性。在现今的乡村治理中，一方面，我们强调个人利益要服从于、让位于集体利益，因为

---

①谢岳，程竹汝．法治与德治：现代国家的治理逻辑 [M]. 南昌：江西人民出版社，2003：87.

没有大家哪有小家，没有小家哪有个人；另一方面，我们也要在服从集体利益的同时尊重个人利益，集体利益要与个人利益相协调。当然，最重要的是我们要发挥农民的主观能动性，他们作为乡村治理主体与利益主体的有机结合，在乡村德治中应强调个人利益服从于集体利益，并最终取得两者的和谐均衡。

(2) 集体主义是乡村德治的重要内容。集体主义作为中华民族的优良传统，在改革开放四十多年以来的经济、政治、文化建设中发挥了凝聚人心、集聚资源的效用。集体主义作为乡村德治的重要内容不仅体现在以往的乡村治理中，在新的时代背景下坚持集体主义是建构社会主义特色乡村德治范式的集中体现。乡村振兴的实现有待于将集体的奋斗目标与个人的奋斗目标保持一致性，并且将集体的奋斗目标分解为个人的奋斗目标。为此，我们要继续坚持集体主义，并把它视为社会主义乡村治理的重要内容之一。

2. 坚持与时俱进的德育改革

(1) 要重视学校教育的全面发展。在乡村德育建设中，特别是对于中小学生，我们要避免学生只关心学习成绩而忽视自身道德素质和思想品质的提高。

(2) 要加强德育的基础投入。我们知道，乡村德育与城市教育相比，主要是公共教育投入的资源上有所差异。为此，我们要加大乡村德育的公共基础设施投入，要逐步减少农村与城市在德育公共资源上的差距，不断满足乡村农民日益增长的物质与精神文化生活需要。

(三) 加强机制体制完善

乡村德治的正常运行需要相关机制体制的完善，特别是需要得到相关法律的保障。在具体实践中做到法治与德治的有效协同，将完善好的道德建设内容用法律的形式固定下来，以实现道德的合法化，使农民在乡村道德生活中以此为道德行为依据，这实际上意味着自律和他律的结合。

1. 建构赏罚分明的社会激励机制

在乡村治理进程中，农民善的行为要得到激励，而恶的行为要得到相应的惩罚。我们要根据乡村现有道德标准与法律规则对乡村农民的社会行为进行相关评价与规制，并根据其不同的行为进行激励或惩罚。在这种赏罚的过程中，我们要注意量化，尤其在对于善的行为的激励中，我们不仅要给予其精神表彰，同时要给予物质奖励；而对恶的行为我们要给予相应的惩罚。

（1）根据赏罚内容进行相应激励。首先是物质性赏罚，赏罚的内容主要有货币、财物、住房等看得见的物质利益，这是社会赏罚中最普遍、最常见的一种形式。它直接表现为人们物质利益的得失，在乡村治理现阶段常常立竿见影，对农民的行为有极大的约束作用。其次是精神性赏罚，赏罚的内容主要是荣辱、地位、机会等精神利益。精神性赏罚虽然没有物质赏罚那样见效快，但却也有覆盖面广、持续时间长等优势。尤其是以现代传播媒介为工具的精神性赏罚，它可以将好人好事或坏人坏事在很短的时间内传到千家万户，从而起到褒扬先进、打击邪恶的作用。

（2）根据赏罚形式进行相应激励。首先是制度性赏罚，即通过政治经济制度的方式进行社会赏罚，其实质是一种如何配置社会资源或如何分配社会权益的规则体系，制度性赏罚的主要内容是财富、权力、利益、地位、机会，等等；其次是行政性赏罚，即通过行政化条例等方式进行赏罚，如在职业安置、职务任免、岗位分派和荣誉授予中加入道德考核标准，使之成为一项必要条件，对于符合办理的则是道德的标准，违反道德标准的则予以剥夺；再次是法律性赏罚，即通过法律手段来进行社会赏罚，制定法律法规的根本目的是惩罚邪恶、弘扬正气，如果我们能够做到有法必依、执法必严、违法必究，那么对于营造高尚的道德环境、道德氛围无疑会起到极大的推动作用；最后是舆论性赏罚，即通过社会舆论的方式进行赏罚，社会舆论是一定社会的群众对社会现象、事件、人物等做出的评价性看法和倾向性态度[①]。我们必须以正确的舆论引导人，培养农民高尚的道德情操，最大限度地动员、鼓励和激励农民群众为实现乡村振兴，把自己有限的力量投入社会主义新农村建设事业中。

---

①陈江旗．社会主义道德建设论 [M]. 北京：中国建材工业出版社，2011：201.

2.建构清风正气的社会舆论机制

（1）用正确的舆论导向引导农民。要通过广播、报纸、主题活动等在农民农闲时宣传党的相关理论与惠农政策。因为正确的舆论向导不但可以提高人民的道德情操，增强人民的公德意识、职业道德意识和自尊、自爱、自强之心，而且对于扶正祛邪、扬善惩恶、匡扶正义、净化世风也起着巨大的推动作用。

（2）用优良的舆论氛围激励农民。乡村德治好的作用要用广而告之的方式得以放大。要把道德榜样的力量充分发挥出来，通过社会公共层面道德榜样的树立，进而形成优良的道德舆论氛围，让农民有所感，有所想，有所得，有所为。一方面是放大某种意见，在社会中形成广泛的舆论压力，造成社会多数甚至全社会都赞成某种观点的现象，从而影响社会成员的道德情操；另一方面是有意识地弱化甚至过滤某些不良舆论，从而使得这些不良舆论逐渐失去成长的机会，甚至逐渐消亡[①]。

（3）用先进的道德理念滋养农民。在乡村德治中我们要通过社会主义核心价值观的宣传提升农民的道德境界。在新型城镇化进程中，一方面，农民旧的传统思想观念虽然还在起作用但明显在削弱；另一方面，新的思想观念体系有待重新确立。在这种情况下，社会舆论对于道德建设的重要性，就体现在通过鞭挞落后的旧道德、倡导先进的新道德来影响广大乡村农民。我们要融合传统乡村文化与现代城市文明的道德元素，用先进的道德理念为农民的道德行为提供指南。

---

① 陈江旗．社会主义道德建设论 [M]. 北京：中国建材工业出版社，2011：89.

第三节　乡村德治的困境

德治作为一种传统治理手段，与自治、法治相比而言，更注重“软约束”，而不是“硬规定”。我国自古以来就有德治思想在社会管理中良好运用的实践经验，新时代的乡村治理既受到传统社会德孝文化的深刻影响，又在新型城镇化背景下的社会转型中面临质疑，这从传统与现实两方面都造成了乡村德治的断裂困境。

一、传统德治思想所存在的断裂格局

经过前面对于乡村德治背景、运行逻辑的论述我们发现，在中国传统文化的语境中关于伦理道德的表述总是统治阶级统治的核心要件，在民生上强调以德化人，在政治上强调以德教人。而新时代的乡村治理既源自传统德治文化，又在原有文化基础上进行了更新与创新，其根本区别在于传统德治的目标导向在于为封建统治阶级服务，而现代乡村德治的最终目标是实现人民的根本利益。然而，以现代的眼光去理性思考过往的问题，我们可以吸取其精华的部分为我所用，但在这一过程中我们发现传统德治本身具有着矛盾和结构断裂，这也成为其跟不上时代以及被人们所质疑的原因所在，具体分为以下三个方面。

（一）顺应“天命”与道德实践之间的脱节

传统德治习惯于把“天”作为价值的重要来源，并且把天子、德治密切地结合在一起，以顺应“天命”来神秘化天子权力来源，在道德实践中力求做到天道、人道、法道的合一。而只有重视德治，统治者才能永葆天命。在历朝历代的封建王朝统治中，我们发现统治阶级习惯性地把其统治的合法性归咎于天命，是天命使然。与此同时，统治阶级为了巩固其统治，力求追求道德完善的形象，其本质是为了保障其统治的稳定与传承。正是因为传统德治的终极目的在于维护统治者自身的利益，其德治的根本目的在于人治。

（二）注重家庭道德与缺乏普世化规约之间的断裂

传统德治强调基于血缘关系或者婚姻关系的家庭道德。孔子所描述的“父父、子子、君君、臣臣”是道德主体间关系处理的核心体现。这样的家庭道德教化在传统封闭的环境下起到了道德驯化主体行为的作用，但如果将这种规约延伸到社会边界，以往的家庭道德教化便会在一定程度上出现失效。而当我们放眼整个国家和社会进行整体性审视的时候，国家和社会呈现出家国同构的结构关系，因此乡村公共治理也可以理解为家庭道德在道德主体社会化过程中的延伸，但这种延伸边界显然脱离了以往以宗法人伦关系和封建等级制度为建构背景的家庭道德。这样一来，传统道德所规约的道德对象变了，新的社会边界无法用传统的道德约束加以限制，所以家庭道德在乡村公共治理中的运用失去了普遍性意义，在实践层面表现为复杂的人情逻辑，难以保障社会的公平和正义。

（三）提倡以民为本与缺乏民主之间的断裂

在传统德治的运行中，统治阶级总是愿意将自身放在德治运行链条的关键一环。因此“勤政为民，此为天命”，成为历任统治者为人处世的律令。因为他们意识到“政之所兴，在顺民心；政之所废，在逆民心”（《管子·牧民》），所以统治阶级通过实行德治来“养民”“保民”“教民”。然而，统治阶级的这一目标却并不是纯粹的，以民为本的前提却是要子民先承认君主的绝对统治，从逻辑上说还是先有“君”而后有“民”。实行德治的表象是为了休养生息，让老百姓安居乐业。就老百姓自身而言，所谓德治的目的是追求生活中的“至善”，己所不欲勿施于人，用一种道德标准引导人们修身养性，从而强化个人道德义务，自觉承认和维护封建等级秩序。相较于现代化乡村治理转型，传统社会更多强调道德主体的责任与义务，而这些责任是通过“以民为本”的“表象”遮掩着“为君服务”的“实在”。这种道德逻辑显然从根本意愿上否定了人的自由意志和权利，所以传统德治虽然提倡以民为本，但实际上是为专制统治服务的。新时代的乡村治理环境与传统封闭农村相比发生了根本性的改变，但是尽管如此，由于路径依赖作用，传统文化仍然以集体记忆的形式影响着人们的道德生活，尽管这种影响受现代性的冲击在逐渐削弱。一方面，在城乡二元分化发展的结构下，乡村地区仍然保留了传统价值观念、思维结构、文化传承等，深刻影响着当前国家现代化转型的效果；另一方面，由于传统德治本身所具有的结构性矛盾，从近代以来当中国被迫走向世界现代化浪潮开始西学东渐时，传统道德文化就不断受到质疑和消解。这一影响也同样延续至今，表现为传统道德价值感召力、向心力不足，成为当前我国乡村德治所面临的主要困境之一。

二、现代转型所造就的德治断裂加剧

（一）乡村社会结构性变迁所造成的德治断裂

在乡村社会的现代转型进程中，其社会结构由于经济、政治、文化、社会、生态环境的发展而呈现结构性变迁。为维护统治阶级统治的传统德治思想在乡村剧变的现代性视野中被逐渐解构，传统德治的影响在城市文明的侵蚀下日渐式微。换句话说，现代性对原有封闭式乡村的价值侵入造成了传统乡村德治的某种断裂。这种断裂的解决需要用新时代的德治思想加以弥补。在乡村社会治理的很长一段时间，乡村社会保留了浓重的传统治理色彩，国家权力未触及乡村基层，形成“皇权不下乡”的局面。此时，乡村治理依靠“自治”和“德治”。但是这里的“自治”和“德治”与现代语境下的概念不同，一方面，德治依托于血缘关系，而自治发生在不同宗族的小共同体间；另一方面，这一时期的德治不具有现代治理意义上的普遍性和公共性，乡村社会与国家权力之间形成了特殊的中介力量——乡绅阶级，它包揽了乡村治理事宜，没有为现代治理体系和德治结构留下更多空间。中华人民共和国成立之后，乡村治理环境出现了颠覆性扭转，乡村基层治理走向一条高度政治化的道路。国家强制性权威的介入在很大程度上否定了乡村中所保留的传统的价值观念与道德规约基础，并视其为落后、守旧、愚昧。与此同时，乡村基层治理从国家与社会关系的角度出发主张对集体主义的认同和归属，这种治理思路的结果是国家权力对乡村社会治理的控制得以进一步强化。这无形中也造成了两个方面的后果。一是使得传统德治文化出现断层。乡村传统德治因为国家强制力量的有效介入，集体主义价值认同得以普适性接受。但是随着原有治理思路的中断，农民道德价值观念需要新的指导理论进行指引，现代性的德治教育与宣传成为重中之重。二是使得德治力量变相衰弱。原有乡村集体主义经济，其建立之初有效调动了生产力，凝聚了人心，同时强化了国家权威对基层经济资源的汲取能力，而忽视了从道德治理层面重建受到挫伤的农民的个人自我意识和人格尊严。虽然后来乡村集体经济走向社会主义市场经济，但是却延续了重经济发展而轻伦理道德治理的发展逻辑。

（二）乡村社会传统价值消解所造成的德治断裂

改革开放四十多年以来，农村、城市二者在观念上的融合日渐明显，在新型城镇化的推进下，农村、城市的边界日益模糊，乡村治理的观念受到现代性影响，治理思路也从国家统治到社会治理转型，其中德治作为社会治理中的重要组成部分在乡村治理中被要求“出场”。需要说明的是，正是基于治理思路的转型，乡村道德实践也亟须新的道德价值予以指引。在乡村农民城市化、乡村生产市场化、乡村交际信息化的新时代，传统乡村的价值理念在复杂的空间转换与环境剧变中被逐渐消解，具体表现在三个方面：首先，在乡村经济发展的同时，市场经济影响因素进一步加深，市场经济体制所孕育而成的“经济人”理性不断冲击着传统农村的道德价值观念，在这种思维的影响下个人利益最大化成为其行为基本准则。传统道德难以协调农民经济理性追求与自我道德追求之间的张力，在具体实践中则体现为乡村多元利益的矛盾进一步加剧。其次，新型城镇化的推进促进了城乡人口流动，这就直接打破了以往封闭乡村中人际之间的血缘关系和差序格局，农民的现代主体意识越来越强烈，乡村传统德治中所强调的道德义务已经无法处理农民个体间复杂的利益关系，农民从传统道德束缚中解放出来，这也间接造成在涉及农民切身利益的具体问题上，偷窃、欺诈、作伪、失信、违约等种种损人利己的行为层出不穷，传统农村建构出来的良好信任在一定程度上受到破坏，而外来陌生人口的流入也加剧了这一状况。最后，城市化的推进带来了城乡道德空间的急剧转换，在传统农村的封闭性被打破后外来信息的输入变得越来越频繁，城市文明所象征的法治、市民化、理性、权利意识对传统道德生活造成冲击。相比之下传统伦理道德的感召力式微，向心力不足，难以吸引外流人口向城市流动，也不足以凝聚乡村内的农民参与现代乡村公共生活，不足以调动农民实行自治。乡村治理的现代化转型，已经打破了原有乡村社会结构，农民在经济、政治、文化、道德适应中不断调整自己，而这些影响已经深层次地对乡村传统德治不断造成冲击。更重要的是，符合现代治理理念、能够适应新时代的“新”的德治结构尚未完全成熟。基于此种境况，乡村德治的“传统”价值消解与所面临的“现代”问题之间的张力共同构成了当前乡村德治的困境。

三、新时代乡村德治存在的实践困境

（一）德治建设滞后于乡村发展实践

新时代瞬息万变的市场经济形势让乡村治理环境复杂化、动态化，随着乡村电商、乡村互联网、乡村自媒体的兴起，农村生产朝向现代化、农民生活便利化发展。在经济理性为主导意识的市场经济领域，农民生产生活受其影响甚深，这也直接削弱了传统德治在人们日常道德生活中的影响作用。一方面，新型城镇化使得大量的乡村农民涌入城市，有一些乡村由于年轻劳动力的过度转移，而只剩下老人和儿童留守，甚至出现土地因无劳力生产而荒废的状况，这导致了乡村德治建设出现对象空化问题；另一方面，由于过度重视市场经济所带来的经济效益，人们沉浸在个人利益最大化的获得感中而难以自拔，这使得乡村以神秘化权力为传统道德规约的治理方式难以适应现在的乡村环境，这就导致了乡村德治的建设滞后于乡村发展的现实境况。

（二）德治与自治、法治、生态治理的协同机制尚待完善

乡村治理是一个较大的系统工程，它包含乡村社会发展的各个层面。在

新时代的乡村治理体系中，乡村自治是乡村治理的基础与民主保障。而乡村法治更多地从制度和框架上对乡村发展进行制度设定，保障乡村治理正常有序开展，或者说是确保乡村治理在正确的发展轨道上运行。乡村德治是乡村发展的内蕴力量，吸取传统道德与现代文明优秀道德因子，并将其转化为道德发展的动力。乡村生态治理更多是从乡村生态自然环境方面促进乡村科学化、合理化、生态化发展，以防止过度重视经济发展而造成自然环境的破坏，这样是得不偿失的，也不符合美丽乡村建设的要求。但是在乡村治理的具体运行中，乡村德治、自治、法治与生态治理四者并不能完全有机结合，其协同机制有待进一步确立与完善。

（三）德治自身存在的天然制度缺陷

由于德治更多地强调自律而不是他律，所以德治是用一种“软约束”的力量去教化人。在实际的乡村治理环节，主要是通过传统道德规范、村规民约的方式来实现对村民行为的约束，而这种约束力具有一定的地域差异。大家基于一定的道德共识对某些道德行为进行共同约定，一旦违反相关规定则进行相应的处罚。但这种处罚有时难以执行，在实施手段和效力上很难与法治相比较。譬如说，在农村家庭教育中，每个家庭的道德教育方式因人而异，而有时家长在教育孩子时出现了一些过度粗暴的教育方式，可情节又不是很严重，难以上升到法律层面。与此同时，在市场经济发展下乡村所出现的好吃懒做、啃老现象，奢靡攀比现象，乡村德治也只能起到适时教育与规劝作用，而不能用强制的约束机制进行相关处置。

第四节　乡村德治的启示

改革开放四十多年以来，我国乡村德治的发展有了长足的进步，在四十多年的德治历程中，有教训也有经验，而这些都为新时代的乡村德治留下了宝贵的思想财富，给乡村振兴背景下的乡村德治以启迪。在新的时代条件下乡村德治要加快推进，并融入乡村治理体系，从而与其他治理方式一起推进乡村治理的现代化进程。我国传统社会乡村治理依赖的三要素是乡村精英、宗族、乡规民约，现代乡村治理中的德治也同样离不开这些传统德治的基本要素。现代德治通过挖掘传统乡村文化中的德治资源，对之进行重新整合改造，使传统和现代相交融，形成适应新时代发展要求的德治路径。

一、发挥文化在乡村德治中的内生动力作用

在乡村德治中我们要积极发挥传统文化对人的塑造作用。乡村德治的目标在于：通过乡村共同体的形成，在道德准则、行为规范、价值信仰上达成一致的认同，追寻熟人社会所孕育的天然信任，在新的时代背景下增强农民对乡村的价值认同与精神归属，以维持乡村秩序的和谐与稳定。乡村治理不仅仅要在经济建设上取得巨大的成就，更要在精神文明建设上强化人们的价值归依，引导农民在物质生活有明显提高的情况下提升自己的道德品位与道德境界，从而在日常道德生活世界中形成良好的精神风貌和积极向上的精神生活。乡村德治还要求在新时代下将社会主义核心价值观与传统道德规范无缝衔接，通过社会主义核心价值观引领农村道德文化建设，同时也要充分发挥传统道德文化的教化与治理作用。

（一）充分发挥乡村传统文化的道德教化作用

毋庸置疑，我们要充分发挥传统文化对乡村农民的道德教化作用，以进一步提高农民的思想道德境界。在以往封闭式乡村，传统文化对乡村农民的影响极大。在“靠天吃饭，靠地生存”的农耕文明时代，农民过度依赖于土地，并以此为基础形成了中国特色的传统土地伦理。统治阶级也通过对土地的占有而形成了对乡村农民的绝对控制，这种控制也依靠封建人伦获得了对农民思想观念、行为的绝对影响。当然，不得不说这种道德伦理的形成根本上是为统治阶级服务的，但这种注重等级化的乡土伦理也有其道德教化方面的优秀伦理因

子存在。为此，乡村农民有必要继续保留传统道德文化的优秀资源，将其合理的部分继续运用在新时代的乡村德治中。在现有的乡村治理环境中，农民仍是传统文化思想的潜在的易受群体。这是推动农村德治的重要优势。基于此，我们要加大对乡村传统文化的教育与宣传，充分发挥传统文化对新时代农民的道德养成作用。在德治实践中，我们要充分尊重乡村固有的优秀道德传统，并将这种道德遗产加以继承与发扬，教育启发农民潜在的传统道德自觉，增强农民对传统道德伦理的认知和认同。在对传统道德文化的发掘中，我们要注意适时化解其与现代城市道德文明的内在矛盾。既要尊重传统道德伦理在维护社会秩序方面的重要作用，也要避免其可能带给农民的因循守旧、小富即安等落后思想。要将传统文化与现代文明完美地融合在一起，既要弘扬"老吾老以及人之老，幼吾幼以及人之幼""入则孝，出则悌，谨而信，泛爱众，而亲仁"等孝悌为本的传统道德理念，也要引导农民树立新时代的道德理念。

（二）积极发挥乡规民约等非正式制度的道德规约作用

在乡村治理实践中，农民的很多行为不一定全靠正式制度去协调。相反，在农村生活中，存在着大量需要非正式制度协调的制度空间。农民更多地把传统礼俗、家庭习惯、人情往来等非正式制度作为自己道德行为的指南。这些非正式制度历久弥新，通过长期的乡村经验、情感、宗族条例等沿袭至今，成为影响乡村农民行为的根本法则与行为规范。它不是作为法律而存在着，但在乡村的公共治理中，它使得人们的行为不偏离传统伦理道德的框架，是具有地方特色的伦理秩序。它虽没有明确的强制力，却在人们心中合意地存在，所以有着较强的生命力，乡村社会公共秩序的稳定要依赖于这些传统规则。乡规民约是我国农村地区最主要的非正式制度。乡规民约在我国有着悠久的历史[①]。乡规民约一开始是由于道德驯化的功能而出现，这也是当时乡村管理者维护

① 马戎．罪与孽：中国的"法治"与"德治"概说 [J]. 北京大学学报（哲学社会科学版），1999，（3）：12.

秩序的较好选择。随着乡村公共事务的复杂化，乡规民约更多是围绕乡村社会治理，解决乡村公共生活所面临的实际困难而展开。它通常只针对本地本乡居民，以地缘、血缘关系而形成的乡民共同体在共同的目标与约定下处理日常公共事务。乡规民约在处理日常公共事务中由于以往相关判例比较丰富，由此具备了解决此类问题的宝贵经验，因而它往往在应对乡村公共事务的利益冲突中非常奏效。因此，在新时代乡村治理体系建构中，我们要积极发挥乡规民约等非正式制度的道德规约作用，赋予其新的时代内涵，发挥其道德教化和社会治理的功能，从而提升乡村德治的水平。

二、发挥乡贤在乡村德治中的道德引领作用

（一）乡村德治中乡贤的角色转变

在我们的理论考量中，乡贤是指乡村治理中的精英人士，他们或是从传统乡村内生而成的权威人士，或是返乡置业的乡村新兴创业者。乡贤本身意味着其较高的道德影响力，在乡村道德治理中能够发挥重要作用。在实际乡村公共生活中，乡贤一方面具备较高的治理水平，在德治建设的诸多问题中均有自己的独立见解；另一方面具备较高的道德境界，而这一点是最为重要的，他通常为乡民们所共同认知，在实际乡村利益冲突中，乡贤能够凭借自身的道德威望妥善地维护好乡村公共秩序。基于此，乡贤总是乡村公共事务的热心者与服务者，譬如，他们在乡村承担农村红白事活动的组织角色、解决乡邻之间的矛盾纠纷、组织领导村庄公益活动等。从乡贤的来源进行考量，其本质上是由封建时代的乡绅在现代乡村治理中从根本上与旧制度相脱离而进行相应的角色转换。以往乡绅阶层作为政府与农民互动的桥梁，帮助政府掌管着乡村的社会资源。由于乡绅的两面性，其本身又具有较高的道德威望，所以其在乡村治理中扮演了重要的角色；一方面，他们在乡村治理中有时代表乡民与官方交涉，以尽可能维护乡村农民的核心利益。另一方面，他们有时会通过其特有的官方资源与领导能力组织公共服务，维护乡村公共道德规约，而这其实从根本上维护

了政府的统治。而新时代的乡贤与过去的乡绅相比，其角色发生了根本性的转换。过去的乡绅从内涵与外延来说都有着时代局限性、阶级局限性，他们从属于地主阶级，是地主阶级在乡村治理中的代表。新时代的乡贤大多直接来源于农民，由于本身的能力和威望使其成为本土社会秩序的维护者。

（二）乡村德治中乡贤的重要作用

乡村德治是治理现代化在乡村的集中体现，治理区别于以往的管理或统治，从更深层次意义上要求治理主体的多元化，参与角色的多样化。乡贤作为乡村中德高望重的精英人士，其本身既是优秀传统道德的践行者，又是乡村治理的主导力量之源，对于乡村德治的顺利开展有着不可估量的促进作用。新乡贤群体关注本身来源与乡村，自身的发展依赖于乡村的发展，他们本身希望在乡村公共秩序的维护与乡村优秀传统道德价值的坚守中发挥示范和引领作用。他们通常在乡村有着长久的生产生活经验，了解乡村的历史文化渊源，对乡村发展给予厚望，有着较为深厚的本土感情，自然而然愿意为家乡的发展贡献自己的力量。从治理能力而言，这些乡贤大多事业有成，人脉广泛，热心在乡村公共事务中发挥组织作用，同时也有能力在乡村治理中发挥带头作用。事实证明，乡村农民对乡贤也有着较高的认同感。值得注意的是，乡贤通常也是乡村道德榜样的践行者，基于他们的道德境界，他们对乡村基层组织行为进行道德评判时能够维持公正的道德立场，从而发挥有效的监督和制约作用。为此，我们要继承和弘扬先进的符合时代特征的乡贤文化，发挥乡贤在乡村德治中的作用。

（三）乡贤治村是乡村德治的重要体现

乡贤作为乡村德治中的精英人士，在乡村治理环节他们不仅仅发挥其道德示范作用，还在乡村日常道德生活中具体利用其道德力量，维系乡村公共事务中各利益主体之间的和谐均衡。随着乡贤在乡村治理中的作用越来越明显，在中国的许多村庄中出现了“乡贤治村”的良好局面。“乡贤治村”这一现象的出现，一方面体现了乡贤治村的德治属性；另一方面也体现了道德在乡村治理的作用之大。乡贤治村就是一种典型体现，乡贤通过非强制性道德权威对乡村公共事务发挥积极作用，其参政议政的效果也得到了乡民的一致好评。乡贤治村之所以受到欢迎，是因为乡贤本身的道德修养被乡民认可，有较高的群众威信，能够起到基层政权强制力所起不到的作用。在乡村治理的现实环节之中，许多乡村还停留在“能人治村”阶段。能人与乡贤的区别主要在于其个人道德素质以及以此为基础的道德影响力。“乡贤治村”往往强调道德，主张“以德服人”；“能人治村”往往因势利导，主张“以利诱人”。因此，我们要实现乡村德治就必须要让大量乡村从“能人治村”转化为“乡贤治村”。

三、发挥家族在乡村德治中的道德载体作用

（一）乡村德治中宗族关系的式微

作为传统道德力量的典型代表，宗族在我国乡村社会生产生活中发挥着巨大的影响，尤其是在封建社会中，“宗族在乡村社会中具有基础地位，是乡村社会最核心的组织者和动员者，具有较强的集体行动能力”[①]。然而，时代是不断向前推进与更新的，社会关系也是如此，随着乡村传统社会的诸多转型，乡村社会的封闭性被彻底打破，各种力量、利益在乡村公共领域衍化与博弈，乡村社会的多元化、复杂化、风险化决定了靠以往的宗族关系来维持现在的乡村社会公共秩序是不可能的，宗族所承担的乡村社会治理功能逐渐弱化，而值得注意的是，乡村公共秩序的管理真空并没有因宗族关系的没落而得以足够的弥补，这使得乡村人际的信任关系受到考验，导致乡村社会中人情日渐冷漠、社会认同度降低以及乡土文化衰落。尽管如此，“传统社会的架构没有完全坍塌，乡村社会中错综的人际交往方式，以血缘维系的家族和邻里关系依然广泛存在于乡村之中”[②]。乡村社会仍然受到传统道德因素的诸多影响，许多道德行

① 肖俊．从日常生活伦理走向现代公共伦理：腐败的伦理根源探析 [J]. 求实，2006,(2): 38-40.

② 郭超．用乡贤文化滋养主流价值观：访北京大学教授张颐武 [N]. 光明日报，2014-08-15(2)．

为还是会记忆性地受到宗法关系所框定的惯有行为影响。可以说，宗族关系仍然是维系乡村社会稳定的重要关系之一，而处理好宗族关系也成为验证乡村德治水平的重要因素。

（二）乡村德治中宗族作用的体现

寻求道德自由是人们追求的一种道德境界。打破宗族对农民的束缚是走向道德自由的必由之路。改革开放以来，随着市场经济的发展，现代文明所孕育的道德力量在各个层面散发出来，这也间接弱化了宗族对农民的控制功能。在现有乡村，传统的宗族联系缺乏维系的制度基础，宗族文化与宗族关系在农民心中日渐淡漠。但是，习惯的力量不容小觑，传统乡土文化之所以让人尊敬，是因为它通过道德价值的渗透使得农民将道德关系、宗法规约镶嵌在农民日常道德生活逻辑之中，使规约成为习惯，使习惯成为行为的自然。由此，宗族文化心理在农村仍具有强大而稳定的影响力，对于乡村治理仍然能够发挥重要作用。在看待宗族文化时，我们不能太过片面与武断。在一些传统、偏僻的乡村，人们对于宗族仍有一定的依赖性，受乡村固有属性的影响，乡村的利益表达机制并不畅通，乡村公共组织尤其是非政府组织力量孱弱，在这种情况下，建立在血缘关系基础上的宗族联系就反而受到村民的依赖，他们希望通过宗族表达自己的诉求。宗族关系成为其利益表达的畅通渠道，宗族在农民道德世界中仍旧可以承担教化家族、敦邻睦族的作用，由此，宗族可能成为乡村德治的重要载体。需要指出的是，我们重新发现宗族的德治功能，不是要继承封建伦理糟粕，也不是要赋予宗族在旧社会那样的绝对权力，而是要适当发挥其在乡村公共治理中的角色作用。在乡村德治中我们一方面要克服宗族传统没落的封建思想因子，要充分发挥宗族在德治中的重要作用；另一方面，我们必须与时俱进，推动宗族文化传统的现代性转变，形成适应乡村治理现代化要求的新形态。

（三）乡村德治中宗族的现代性转变

事物是不断变化发展的，宗族作为传统文化礼仪、风俗的载体也需要与时俱进，要逐渐转化为适应新时代乡村德治的家族。我们让宗族转化为家族，不是意味着要修家谱、建宗祠，而是要发挥宗族在解决村民纠纷、弘扬传统文化当中的作用。与宗族相比，家族更具有现代性意识，它脱离了宗族那种不平等的封建人身依附关系，但同时又能够贴切表现农村以家庭、血缘为中心的亲属关系。“非正式组织化的家族所体现的是植根于借生活事件而展开的理性行动之中的亲缘连带模式的存在，它以非正式组织化的家族为载体，是一种新家族主义。”① 因此，在新的时代背景以及道德空间转换的社会背景下，我们要发挥宗族在乡村德治中的作用，就必须转变宗族角色，改造宗族文化，转而强调其家族的身份意识。在家族事务中，那些冗繁的、封建的、落后的建宗祠、修家谱活动已经不是一种必须，家族关系更多体现在婚丧嫁娶和农忙时节的互帮互助上，当然或许还保留着一些维持家族关系的固定形式，诸如，拜年、祭祖等家庭主题形式。保留这些形式的合理性在于在家族进行此项活动时成员间呈现的是一种近乎平等、自由的关系。家族中同样会有专人来负责家族公共事务，调节家庭内外部矛盾与利益冲突，对外代表家族进行相关公益活动。需要指出的是，家族负责人一般是由家族内部精英民主选举而来，而不再局限于辈分高的族人或者是以往宗族式的指定或继承。从本质上来看，家族共同体相较于宗族，其组织结构是松散的、非制度化的，在我国乡村第三部门不够强大的情况下，我们需要家庭共同体的出现以充实宗族等传统共同体失落的空间。或者说，乡村德治中宗族向家族的转化，是历史发展的必然，体现了时代的进步。

---

① 唐军．蛰伏与绵延：当代华北村落家族的生长历程 [M]. 北京：中国社会科学出版社，2001：141.

第五章　改革开放以来乡村生态治理的模式与启示

改革开放以来，生态领域的矛盾随着改革步伐的迈进呈现出多种形态。党和国家在如何妥善处理乡村社会发展与生态环境保护两者之间的关系上，一直处于不断探索的过程之中。现代工业时代的到来，促进了乡村经济的飞速发展，但与此同时，一些经济发展所带来的另外的结果——乡村生态状况堪忧也日益引起人们的重视，这些生态问题表现为严重的环境、资源与气候三大问题。一系列数据和事实说明，在美丽乡村建设与乡村振兴的新时期，解决生态问题，已经到了刻不容缓的地步。美丽中国的重点、难点是乡村，落脚点也在乡村，没有生态乡村就没有美丽中国。总结四十多年乡村生态领域的应对经验，对于新时代加强生态文明建设和建设美丽中国都具有重要的现实意义。

第一节　乡村生态治理的背景

习近平在2018年5月18日召开的全国生态环境保护大会上强调指出："生态文明建设是关系中华民族永续发展的根本大计。"习近平新时代生态文明观实际上是恰当地处理人与自然的关系，协调经济社会发展与自然环境的可持续发展。乡土社会在现代城市文明辐射下得以飞速发展，一些现代化的生产方式自然引入乡村治理的生产实践中，并发挥着极其重要的正面作用。但与此同时，由于某些生产方式不当而无可避免地引发了生态问题。党的十九大提出加快生态文明体制改革，建设美丽中国的基本方略，强调构建人与自然的生命共同体，因而我国乡村的生态文明建设与生态治理成为全党的重要工作。当前，我国乡村人口大约为5.42亿人，约占全国总人口数量的47.43%，要保障乡村居民的生态环境权利，解决严峻的乡村生态问题，加强乡村生态治理刻不容缓。

如何妥善处理好乡村生态治理问题，显然已经成为我国国家治理现代化的重要一环，更是解决“三农”问题的重要抓手。社会主义新乡村建设是以“生产发展、生活宽裕、乡风文明、村容整洁、管理民主”为核心内容的，由此，“加强乡村文明建设，建设美丽乡村”已经上升到国家战略的高度。当下，乡村生态治理问题日益突出，引起公众、媒体和相关学者的广泛关注。党的十九大报告对生态文明建设提出新的目标，不仅要加强农业方面源污染防治，更要加快开展乡村人居环境治理行动，将生态环境治理过程系统化、规范化、现代化。生态保护红线、永久基本农田、城镇开发边界三条控制线划定工作不断完善，底线控制标准不断提高。生态治理是手段，美丽中国是目标。习近平总书记在党的十九大报告中首次提出乡村振兴战略，指出生态宜居是乡村振兴战略的总要求之一，将乡村生态问题放在首要位置。随后召开的十九届中央全面深化改革领导小组第一次会议指出，开展乡村人居环境整治行动，就要统筹城乡发展，统筹生产、生活、生态。以乡村垃圾、污水处理和村容村貌为主要整治问题，加快补齐乡村人居环境突出短板，将建设美丽宜居村庄作为最终导向。

一、时代背景：风险社会的到来

新时代的乡村经济发展是在农业现代化进程整体推进中完成的。新型城镇化给乡村带来了两个方面的影响：一方面，为乡村经济社会发展带来了历史机遇，有助于城乡一体化与城乡和谐发展；另一方面，由于一段时间内过度强调经济而忽视生态问题，从而导致乡村环境问题日益凸显。同时，在长时间的城市生活实践中，旧的空间记忆不会一直被遮蔽，因为人作为迁移主体存在其难以泯灭的惯习，路径依赖会对其空间互动产生影响，传统乡土的生活惯习、交往模式不同程度地被修复[①]。这些问题也直接导致乡村社会生态发展面临着诸多未知的风险。实质上，面对未知的社会发展境况，各个国家都会反思公共管理者在其中的角色作用。德国社会学家乌尔里希·贝克就曾基于工业社会的反思系统提出了风险社会的理论，该理论认为，在风险社会中，人类通过科技手段与工业发展来控制自然社会和规避风险，也因此产生不可估量的风险，不断制造生态危机的人类步入了新的时代——风险社会。

（一）生态风险给乡村社会发展带来不确定性

现代化进程下的城乡一体化进程将乡村农民带入了因经济发展与技术进步而产生人为风险的时代，而风险社会的影响因素是极其复杂的，乡村生态危机作为最容易发生的风险，在乡村社会发展的过程中日益威胁着农民的生活与发展。乡村的现代农业在促进生产力发展的同时，也直接导致农村生态系统十分脆弱。就农业生态发展而言，生态系统是整个生物群落和地理环境相互作用的自然系统，应始终维持生态系统的平衡。在乡村社会生产生活的正常运行中，农民要满足自身的生活、生产需要，从生态系统中获取农产品，然后将生活垃圾和废弃物排放到生态系统中，如此便形成一个循环过程。在城乡边界日益模糊的情况下，乡村人口大量留在城市，乡村也在进行城市化发展，由于城镇的排泄物不能有效地进入农田生态系统，原有的循环链条被割断，引起生态系统发生改变，导致城镇废弃物排泄过于集中，加重了城镇的有机污染。随着农田生态系统的有机物投入减少，要维持原有的平衡，需要利用替代有机物，这些替代有机物同样会造成环境污染，引发生态问题。乡村生态环境污染的后果十分严重，可能引发食品安全问题，危及农民的身体健康，制约乡村经济发展。生态环境遭到破坏，大气、水等发生污染，气候异常，最为直接的影响就是农业生产。在农业生产技术和规模化生产没有达到发达程度时，农业依然是

---

① 刘刚．寻求空间正义：城中村治理的价值取向及实现机制 [J]. 城市学刊，2019（1）：7-11.

“靠天吃饭”，气候变化异常直接导致农作物减产，危及乡村经济的发展。

“在现代化进程中，生产力的指数式增长，使危险和潜在威胁的释放达到了一个我们前所未知的程度”“在风险社会中，不明的和无法预料的后果成为历史和社会的主宰力量”①。在乡村农民的一贯认知中，风险大多来自外部未知的因素，外部系统的风险得到普遍重视，而在乡村社会生产生活中我们有更多的内部风险值得担忧——农民自身创造的风险。这种风险最明显的特征就是其不可估量性，诸如，污染风险、化学风险、基因风险和生态危机风险。相比于苏联切尔诺贝利核电站的泄漏事故的灾难立显性，作为最易发生的生态危机风险，其复杂性更难以计算。在乡村农业日常社会化生产生活之中，在每个农民习以为常的日常行为中，都可能蕴含着造成生态危机的直接因素。如同我们食用的粮食中其有毒成分可以追溯到百年前农药的不合理使用一样，乡村农民在农业生产发展、乡村生活水平提高的同时也在不知不觉中增加引起生态危机的因素。

改革开放四十多年以来，在乡村农业生产获得极大发展的同时，环境恶化引起自然生态系统不同程度地退化，因环境污染和生态退化造成的损失巨大。有数据表明，由于环境污染，酸雨面积、水土流失面积、沙化面积都有不同程度的扩大。甚至有专家估计污染给我国带来的破坏相当于每年创造财富的7%，甚至更多，濒危物种日益增加、天然湿地大量消失、人工造林树种单一、乡村农业生态系统退化，等等，这些不同层面的生态问题已经直接威胁到乡村生产生活的可持续发展。我们要对这些风险予以足够的重视，并建立乡村生态预警机制。

（二）生态风险给乡村治理带来多样性元素

乡村社会的开放程度越来越高，乡村社会生产生活的复杂性、多样性也带来了高风险性。人们在社会中不仅会受到“上帝之手”的自然风险影响，也会遭受人为行为所导致的种种社会性风险，可以说人们对社会的影响力越来越大，

① 乌尔里希•贝克．风险社会 [M]. 何博闻，译．南京：译林出版社，2004：15，20.

人们也开始逐渐意识到生态危机风险带来的诸多问题。随着城乡一体化的不断推进，城市文明的辐射将乡村置于开放的现代化视野之下，任何人都难以置身于风险之外。据统计，在中国，“75% 的慢性病与生产、生活中的废弃物污染有关，癌症患者的 70%~80% 与环境污染有关。游离于人体外的空气中的二氧化碳含量超过世界卫生组织规定的 10 倍，1/4 的人死于呼吸道疾病。”① 而国内外所发生的诸多生态事故已经让人们意识到生态治理的重要性，这些生态性问题发生可能性小，但是后果严重，这类风险诱发了全球的风险意识，人们开始对与自身联系更加密切的生态危机风险形成关注，并逐步形成了整体认同。

在乡村风险社会之中，单个的农民是力量单薄的，但他们出于对美好未来的期望，基于对生态风险的焦虑开始积极关注生态风险，不断寻求治理之道，使生态治理成为可能。毫无疑问，生态治理并不是政府单方面的任务，更需要公民的广泛参与。据此，多元参与角色在乡村生态治理中建构起了多元生态治理主体关系。它不仅包括在生态治理中的合作主体间的关系，还应该包括主体所治理的对象、主体间的关系以及主体的分工、义务、责任和职能等；其中，主体所治理的对象主要是指乡村生态环境治理对象，包括河流、水库、湖泊、农田、污水、垃圾以及生活习惯，等等。在多元生态治理的多中心参与格局中，政府、社会、民间组织、个人成为生态治理的协作共同体，为实现公共利益，通过有序参与，在对话、沟通交流中形成对公共利益的共识，最终合理、有效地进行生态治理。

二、政治背景：生态文明的提出

习近平指出:“保护生态环境就是保护人类”②。党的十九大报告在强调“自然界出现的困难和挑战”的逻辑前提下，充分肯定中国积极引导、主动作为，

① 孙伟平，刘举科．生态城市绿皮书：中国生态城市建设发展报告（2013）[M]. 北京：社会科学文献出版社，2013：570.

② 中共中央宣传部．习近平总书记系列重要讲话读本 [M]. 北京：学习出版社，人民出版社，2016：231.

有效应对国际气候变化，进而“为解决人类问题贡献了中国智慧和中国方案”，承诺要继续“为全球生态安全作出贡献”[①]。改革开放以来，城市化进程加快所导致的各种问题给生态环境造成极大的压力，乡村社会在一系列经济社会改革后产生了极大变化，与乡村经济发展极其不协调的是落后的生态治理，乡镇政府、社会以及公民对自然资源和生态环境的忽视，造成了我国乡村严峻的生态环境形势，人们面临着生态危机带来的各种隐患。为应对生态治理可能出现的种种问题，党的十八大做出“大力推进生态文明建设”的战略决策，从十个方面绘出生态文明建设的宏伟蓝图，全面深刻论述了生态文明建设的各方面内容，从而完整描绘了今后相当长一个时期内我国生态文明建设的宏伟前景。为了体现生态文明建设的重要地位，更是将生态文明建设与经济建设、政治建设、文化建设、社会建设相并列，形成建设中国特色社会主义五位一体的总布局。当前，我国乡村社会的发展正处于转型与调整的关键时刻，特别是广阔的乡村生态样态以及生态治理的主体能力，将直接影响我国生态治理发展状况，也直接决定我们国家的生态治理能力水平。

（一）生态文明理论是乡村生态治理的理论依据

生态文明是在工业文明不断发展的基础上展现出的一种全新的文明形态，在对待人与自然的关系上进行了从价值取向到行为规范，从伦理观念到发展观念的深刻变革，经历了从传统的征服自然、在自然中索取的扩张性理念，到尊重自然、人与资源和谐相处的现代文明理念的转变。生态文明理论是人类长期理性反思社会的产物，是人类对生活实践自反性思考的结果。一直以来，人们强调的是物质文明、精神文明以及社会文明建设，而现在生态文明站在了人类发展新的高度上。尊重自然、顺应自然、保护自然、与自然和谐相处的观念将不断地对乡村农民的生产生活进行指导，并不断地作用于农民自身生活周围的自然环境和经济社会发展。对于新时代的乡村振兴而言，生态治理区别于传统的治理理念，让人们更多地关注到乡村的发展质量而不是发展速度，这也就

---

① 党的十九大报告辅导读本 [M]. 北京：人民出版社，2017：25.

更多地需要农民参与生态治理。在生态治理初期，由于政策的不成熟与相关治理经验缺乏，农民的参与很可能会出现盲目性，盲目地跟风参与生态环境的治理。生态文明建设可以在理论上给予农民强有力的指导，无论是在思想观念还是思维方式上都会潜移默化地影响农民对于自然和社会环境的生态价值的看法，随着生态文明理论的日渐深入，植根于人们的新的思想观念就会成为农民有序参与生态治理的重要依据。

同时，生态文明理论也是中国化马克思主义生态学的体现。这既是马克思主义理论发展和实践发展的需要，又是乡村农民的切身利益之所在。改革开放后，乡村农民面临的迫切任务是及时调整视角，在不同的历史节点认真总结过去，面向世界确立新的起点，这赋予了中国化马克思主义的时代意义。当前，面对日益严峻的“全球问题”和乡村生态环境状况，我们要深刻反思工业文明所带来的“社会异化”和“自然异化”的负面效应，兼顾经济发展与环境保护，倡导节约利用资源，大力降低能源消耗，重新确立环境治理和环境建设这一事关国家发展的基本工程，在实践中全面坚持和发展马克思主义理论，赋予马克思主义以生态论特质，推动中国化马克思主义在实践层面的生态学转型。

乡村生态治理必须要高度关注农民的环境状况和社会生活的环境质量，在人与自然的关系问题上，同时承认“先在自然”和“人化自然”皆有其价值，认为“人化自然”与“先在自然”具有内在统一的关系。在坚持这一生态自然观的基础上，认为人类社会的存在与发展，依赖于先在自然与人化自然共同构成的客观物质基础，进而确立把乡村治理、建设一个好的生态环境视为“利在当代，功在千秋”的百年大计。马克思经典理论认为，自然界包括“人本身的自然（如人种，等等）和人的周围的自然”“生活资料的自然富源与劳动资料的自然富源”[①]两大类。马克思还揭示了人类社会与两类自然的相互作用与彼此交会，他认为，“社会是人同自然界的完成了的本质的统一，是自然界的真正复

① 马克思．资本论（第 1 卷）[M]. 北京：人民出版社，1975：560.

活，是人的实现了的自然主义和自然界的实现了的人道主义”[①]。社会与自然之间的关系密不可分，那些尚未“复活”的广义的先在自然，将会随着人类实践活动和价值选择活动的日益推进与不断拓展，逐步在社会领域“真正复活”起来。由此，我们也就明白，人与其他自然物的本质区别在于，人不是生态系统中一般的本能意义和消极意义上的消费者，而是生态系统的参与者、建设者、调控者、维护者；而在二元统一的视角下，自然界并不是绝对外在于人和人的生活与活动的被动存在，而是和社会彼此互动、相互交融、不可分割的有机统一。按照马克思的思想，人类的一切活动都在不同程度上受制于自然界、遵循自然法则，自然界作为“人—社会—自然”系统的客观要素，规定着人类活动的界限，具有一定的社会尺度和历史价值。正如人们违背道德底线就可能犯法，引起“人的异化”一样，超越自然底线就可能违反自然法则，从而引起“自然的异化”。所谓“自然的异化是指人对外部世界的作用呈现出负面价值”。也就是自然界对自然生态系统和人本身所产生的负价值，是自然界对人的“报复”。在坚持“两个尺度”相互统一的原则基础上倡行“以人为本”，在观照自然价值和人文价值彼此共存的发展目标下坚持可持续发展观，在扬弃自然异化和人的异化、全面满足人的需要的过程中致力于改善环境、保护环境和环境生产，在指导、反思和推进社会实践、规划全面发展蓝图上提出构建和谐社会、和谐世界、和谐文化的宏伟目标，构成了生态学中国化马克思主义的基本特征与目标。扬弃工业文明所带来的自然异化和人的异化是马克思生态学思想内在的要求；而关心人的环境需求，重视生态问题，发展环境生产，建设生态文明，已经是当下乡村社会的必然去向，并已经成为中国化马克思主义在实践决策层面的有机组成部分，成为引领中国社会进步的主流导向。然而，值得注意的是，在这些攸关当今人类生存的热点问题上，乡村社会的发展过程、理论发展没有把生态问题、人们的环境需要以及环境生产问题明确地予以必要的定位，在注重眼前、短期利益的视角下，理论甚至没有意识到环境需要已经上

① 马克思．马克思恩格斯全集（第42卷）[M]. 北京：人民出版社，1979：122.

升为当今人们特别重要、特别突出的生活需要。从而，人们对环境问题产生了“盲视”，没有意识到环境生产的重要性已经不亚于生活资料的生产和人类自身的生产，环境生态问题本身已经成为今天主要的生产活动方式。毫无疑问，理论与实践的脱节阻碍了中国化马克思主义理论指导功能的发挥。推进中国化马克思主义的生态学转型，是一项重大的跨时代工程。一方面，在实践层面有待于继续深入完善和推进；另一方面，在理论层面有待于开展思维范式、语境系统、价值取向诸方面的深入细致的研究工作。我们要把生态文明的视野与乡村发展相结合，探寻中国乡村发展的新路子，追寻中国乡村建设的新希望，基于此，我们在生态建设与乡村社会转型上，围绕乡村社会生活的生态化与其实践道路，探索中国化马克思主义的生态化转型和乡村建设的新路径。

（二）生态文明建设是乡村生态治理的实践前提

生态文明强调人的自觉与自律，而生态文明建设贵在实践、重在行动。当代中国生态文明建设不仅要求控制污染，从产业结构、增长方式、消费模式等方面做起，提高环境质量，更要求树立牢固的生态文明观念。生态文明建设不仅为生态治理中农民的有序参与提供理论依据，还将指导其深入实践。乡村农民积极参与生态文明建设，从而更好地分享生态治理的成果。他们在享受环境权益的同时，自觉履行保护环境和监督的义务。在生态文明建设理论的指导下，他们重新审视自身行为，充分认识自己的环境知情权、参与权和监督权并从实际行动维护自身权益，对重点区域、流域的环境污染进行公众力量联合从而构成社会监督，检举揭发各种环境违法行为。生态文明建设将推动法治建设的发展，从而促进环境公益诉讼顺利展开，为农民参与提供法律保障与支持。

（三）生态文明建设彰显了国家治理体系的重要目标

习近平在2013年生态文明贵阳国际论坛的贺信中重申，倡导和践行生态文明“是实现中华民族伟大复兴的中国梦的重要内容”[①]。中国特色社会主义是

① 习近平．习近平致生态文明贵阳国际论坛2013年年会的贺信[EB/OL].（2013-07-20）[2022-6-20].https://www.gov.cn/ldhd/2013-07/20/content_2451855.htm.

全面发展的社会主义，不仅要求经济发展、政治和谐、文化繁荣、社会进步，而且要求具有高质量的生产生活的生态环境。习近平以“两个清醒认识”与“三个决不”很好地解读了国家生态治理体系建立和完善的必然性与严峻性、国家生态治理能力提升的关键性与现实性。习近平在主持中央政治局集体学习时强调：必须“要清醒认识保护生态环境、治理环境污染的紧迫性和艰巨性，清醒认识加强生态文明建设的重要性和必要性”①。进而他指出：“决不能以牺牲后代人的幸福为代价换取当代人的所谓‘富足’。”② 我们不能再延续粗放式的增长路径，再也不能追求“血的 GDP”“黑色的 GDP”和“污染的 GDP”，中国的国家治理必须展现全面协调的发展理念，实现经济社会的可持续发展。应当认识到，生态环境质量是全面小康社会的不可或缺的重要方面，我们要建成的小康是全面的小康，是望得见山看得见水、生态环境良好的全面小康。如果说，“站起来”主要体现的是民族独立与社会主义制度建立的政治价值诉求，“富起来”主要强调的是人民富裕的经济价值诉求，那么，“强起来”彰显的则是包括生态文明目标“美丽”在内的建设社会主义现代化强国的全方位的观念认同与价值旨趣。习近平在党的十九大报告中明确指出，生态文明建设是千年大计，并要求，“本世纪中叶，在基本实现现代化的基础上，再奋斗十五年，把我国建成富强民主文明和谐美丽的社会主义现代化强国”③。“美丽”追求既进一步彰显了建设生态文明的重要地位，又更有利于体现中国特色社会主义实践途径和奋斗目标的有效融合。将实现生态文明作为现代化强国建设与国家治理能力增强的关键目标，确立了包括“美丽”在内的“五位一体”的奋斗目标；明确要求在进一步提升物质文明水平和精神文明水平以利于满足人们对美好物质、精神生活需要的同时，凸显充分提高生态文明水平以利于保障人们对美好生态环

---

① 习近平．习近平主持十八届中央政治局第六次集体学习 [EB/OL].（2015-07-20）[2022-06-20].http://cpc.people.com.cn/xuexi/n/2015/0720/c397563-27331980.html.

② 习近平．习近平在十八届中央政治局会议的重要讲话 [N]. 人民日报，2014-08-26.

③ 党的十九大报告辅导读本 [M]. 北京：人民出版社，2017：28.

境的需要。无疑，生态文明建设既是国家治理体系和治理能力现代化的重要内容，也是提升国家治理体系与治理能力的重要途径。

三、社会背景：生态治理的共识

伴随乡村现代化进程的不断发展，生态治理的多元式参与也不断获得巨大的发展动力。回顾乡村治理的发展轨迹，主要有两个转变，一是从国家层面强调民主的重要性到同等重视发展基层民主与国家制度建设的转变，二是从一般意义上认识民主性质到对注重民主实现形式的转变。多元参与渠道的拓宽，为乡村农民参与生态治理以及其他公共事务拓宽了领域，更好地促进了公民社会的发展，为农民参与生态治理创造了社会条件。

（一）乡村治理多元主体具有自觉的生态执行力

乡村生态治理要形成各方的共识，要真正让乡村治理主体意识到生态发展、绿色治理的重要性，要通过生态制度设计、生态评价标准等制定，形成多元主体交互系统共治局面，提高生态治理绩效。乡村多元主体的生态执行力可以从多个方面得以体现。例如，在村居方面，要做到选址要科学、和谐有序，尤其注意中心村生态建筑建设，村居建筑要讲究错落有致、个性鲜明、实用美观；坚决杜绝违章建筑、乱搭乱建、乱堆乱放现象；积极改善村民生活居住条件，构建和谐有序的乡村生态人居体系。推进生态服务型建筑的创新与发展，要做到建筑合理布局、符合人居、顺应环境，注意配套服务设施供给。在乡村环境治理方面，加强村民的生活垃圾分类和清运工作，搞好公共厕所卫生，处理好生活污水排放。在村居美化方面，要突出“绿”字，尽量使乡村的山岭、河坝、村路得到全面绿化，确保农家户院绿意盎然、花果飘香，实现村村好景色、户户有绿意。在乡村企业方面，注意推进生态化、集聚化升级发展，坚决摒弃污染对乡村生态环境的破坏。近些年来，广大乡村在政府积极倡导下，在生态治理方面取得了长足的进步，在“生态人居建设行动”“生态文化培育行动”和“乡风文明行动”中，明显地体现了多元主体的生态执行力，他们坚持以科学发展的理念为指导，以和谐和持续发展为荣，坚持走生态发展的道路。

乡村生态治理的稳定与健全发展不仅依赖于其乡村治理基本结构的正义，而且还依赖于其乡村农民的品性和态度。伴随参与式民主的发展，乡村农民作为参与的主体，其主体性地位也会大大增强。要使生态治理更好地进行，治理效果最大功能地显现，最好的方法就是“鼓励那些一向被排除在决策范围外的政府组织成员，使他们都有更大的个人和集体参与空间”①。而这种参与在很大程度上会加强乡村治理多元主体自觉的生态执行力，生态治理的多元民主参与氛围的提升，必将带动生态治理公民意识的觉醒，形成一种积极的、富有知识的、热心政府事务的乡村生态治理多元主体。

（二）乡村多元主体在生态治理中践行绿色生活方式

我国政府一直以来注重生态绿色的生活方式。党的十八大报告指出：“要着力推进绿色发展、循环发展、低碳发展。”党的十八届五中全会进一步提出“创新、协调、绿色、开放、共享”五大发展理念。就乡村多元主体而言，农民要倡导绿色农业生产的理念，在生产生活中提倡生态环保，并形成良好的生态习惯。农村企业要提供绿色的产品，在生产、运输过程中要注重生态效益；就第三部门而言，要补充政府、农民、企业的发展空间，有效促进生态治理的实现。总体而言，生态治理、绿色生活是一项长期而复杂的重大事项，需要多方着力，长期坚持。同时需要从政府政策导向、法律保障制度、文化自觉机制等方面多管齐下、共同推进，让乡村多元主体成为绿色生活方式的倡导者、践行者和分享者。

（三）乡村多元主体在生态治理中建立合作伙伴关系

多元治理在生态环节中要注重协同推进。在乡村生态治理的现实情境中要强调生态决策的透明化，尽可能避免信息不对称。要推进乡村多元主体在生态

① 彼得斯．政府未来的治理模式 [M]. 吴爱民，等译．北京：中国人民大学出版社，2001：60.

环节中的有效参与及合作，进而达成共识，形成伙伴关系。各级党委与政府要发挥主导作用，同时要鼓励企业、农民、非营利组织的多方参与，发动一切可以发动的力量。为建立乡村生态治理合作伙伴关系，政府要通过政策宣讲、程序公开等方式消除分歧，协调利益，最大程度地满足各方利益，同时也要保有生态底线。同时，还需要一系列健全完善的举报、听证、舆论和公众监督制度。依靠制度支持，乡村多元主体可以积极开展生态实践互动，以多种有序参与的方式拓展公民的生态参与视野，鼓励其生态实践向更深、更广的领域延伸。

第二节　乡村生态治理的运行模式

人们在适应自然与改造自然的过程中无疑会对自然产生影响。在乡村治理领域，由于农业生产、农民生活的需要无疑会给自然带来不可避免的影响。尤其是在经济社会发展的初期阶段，乡村过度重视经济利益，片面追求经济指标，使得乡村当下面临各种生态问题。为此，党和政府高度重视，自党的十八大以来力推生态文明建设，把生态治理提上了日程。

一、乡村生态治理顶层设计机制

乡村生态文明建设首先要抓好顶层设计。从本质而言，乡村生态治理是一项复杂而系统的工程，涉及农村生活、生产等方面，需要从大局着眼，从细处着手。乡村生态治理的规划者要思路清晰，要有实现目标的总纲领、规划图与执行路线。可以说，只有抓好顶层设计，生态治理才不会偏轨，才能按照既定目标实施。

当然，从乡村生态治理的历史实践来看，我们或多或少走过一些弯路，受西方“先污染后治理”模式的影响，较长一段时间没有做好生态治理的顶层设计，使得乡村经济发展与生态环境存在不协调的情况。可以说，做好顶层设计是关乎乡村生态治理的紧要大事。正是由于顶层规划的重要性，进入新世纪后我国对环境保护格外重视，建设“资源节约型、环境友好型社会”“社会主义和谐社会”，尤其是党的十八大提出“大力推进生态文明建设”以来，积极对生态文明建设进行顶层设计。这充分表明我国对生态文明建设的积极探索和对建设美丽中国做出的不懈努力。党的十八大对我国生态文明建设的战略地位进行了明确定位，把它同经济建设、政治建设、文化建设、社会建设一起作为建设中国特色社会主义五位一体的总布局。对生态文明建设做出这一战略定位，体现了党对它的重要性有了新的认识。党的十七大首次提到建设生态文明，之前没有提及生态文明建设，但实质上在进行生态文明建设。党的十八大在十七大的基础上做了有力推进，提出大力推进生态文明建设。这也反映了党对生态文明建设及其重要性在认识上的不断深入和推进。党的十八大对我国为什么要进行生态文明建设和怎样进行生态文明建设给予明确回答。我国之所以要进行生态文明建设，原因有三：一是我国面临严峻的生态形势这一客观现状，必须扭转这种不乐观的局面；二是生态问题是我国发展的瓶颈，影响我国的可持续发展，不解决这一问题，我国的长远发展将难以为继，这是关系到国家和民族未来发展的大事，必须高度重视；三是大气污染、水污染等很多生态问题已经影响到人们的生产和生活，人们的生活质量和健康受到威胁。关于我国怎样进行生态文明建设，党的十八大分别从思想观念、基本要求、方针、路径等方面做出了大方向上的指导，至于一些具体的可操作性的内容还在不断完善。为了保障生态文明建设，比如，中共十八届三中全会提出加快建设生态文明制度，尽快实现生态文明建设制度化。为了使生态文明建设有法可依，让破坏生态环境的行为受到惩罚，彰显法治的威严，让生态环境成为“带电的高压线”，十八届四中全会提出“用严格的法律制度保护生态环境，加快建立有效约束开发行为和促进绿色发展、循环发展、低碳发展的生态文明法律制度”。为了引领生态文明建设，十八届五中全会提出“创新、协调、绿色、开放、共享”的发展理念。2015年5月，中共中央、国务院发布了《关于加快推进生态文明建设的意见》，9月又印发了《生态文明体制改革总体方案》。党的十八大以来的这一系列举动，都是站在高屋建瓴的角度为我国生态文明建设进行顶层设计，为生态文明建设这项伟大工程搭好框架和指明前进方向。

为此，转方式和调结构是中国特色社会主义乡村生态文明建设的重点，抓住这一点也就抓住了事物的主要矛盾。在认真分析和仔细研究的基础上，党的十八大以来把转方式和调结构作为推进生态文明建设的重要工作，体现了我们党在此项工作上的思路。转方式是指转变发展方式，具体地讲就是在发展经济中转变过去传统的粗放型发展方式，而向集约型发展方式转变。生态文明建设的目的就是要改善人与自然的关系，使人与自然和谐相处，把我国建设成为天蓝、地绿、水清的国家，使全国人民拥有一个美丽家园。一直以来我们国家的生态环境受到严重污染和破坏，一个重要原因就是我国经济发展方式主要是粗放型发展。这是一种高投入、低产出的发展方式，在很大程度上是以牺牲生态环境为代价来助推经济的发展。2014 年 2 月，李克强总理在省部级主要领导干部学习十八届三中全会精神全面深化改革专题研讨班上明确指出："随着支撑我国发展的要素条件发生深刻变化，特别是资源环境约束不断强化，长期以来高投入、高消耗、高污染、低效益的粗放发展方式已不可为继。如果不加快转方式调结构，不仅难以实现长期持续发展，就是眼前也过不去。"可见转方式和调结构是当前生态文明建设的重点工作，如果看不到这一点，我国的生态文明建设就会多走弯路。集约型发展方式就是尊重自然和社会规律，走低投入、低耗能、高效益的发展道路。党的十八大以来积极走集约型发展道路，在全社会大力推行绿色发展、循环发展、低碳发展，极力加快转变发展方式的步伐。调结构是指调整产业结构。调整产业结构是生态文明建设的重要工作，因为产业结构不合理对生态环境的污染和破坏很大。工业和农业对生态环境的污染和破坏很大，它们在整个产业结构的比重应该减少。像观光旅游、休闲娱乐、科学、教育、餐饮、零售等服务型产业的比重就应该增加，这些产业对生态环境破坏小，基本上属于无污染行业，值得大力发展。改革开放之前，我国的产业结构很不合理，农业、工业在整个国民经济中的比重很高，服务业所占的比重较低。经过近几十年的努力，尽管我国产业结构较之前发生了很大变化，但是仍然不能适应当前经济发展需要，我国仍然面临着很大的资源环境压力。党的十八大以后，国家继续将调结构作为重点工作，据《中国统计年鉴2018》中的数据，2017年我国第一、二、三产业占国内生产总值的比重分别为8.9%、40.9%、50.2%。在就业方面，2018年在第一、二、三产业中乡村就业的比重分别为28.3%、29.3%、42.4%。在能源生产方面，2015年原煤、原油、天然气、一次电力及其他能源所占比重分别为72.1%、8.5%、4.9%、14.5%。从这些数据的变化可以看出，党的十八大以来我国在产业结构调整方面取得的成绩非同一般，短短几年时间对生态环境污染和破坏比较大的第一、二产业降幅很大，第三产业发展非常快。这是顺应当前形势发展需要做出的选择，也符合大力推进生态文明建设的内在要求。

二、乡村生态治理制度设计机制

顶层设计需要良好的制度来实现。或者说，我们需要通过乡村生态治理制度来引导、规范和约束人们的生产生活行为，防止生态环境遭到破坏。正如2013年5月24日习近平总书记在主持十八届中央政治局第六次集体学习时指出的那样："只有实行最严格的制度，才能为生态文明建设提供可靠保障。"这说明，制度建设是生态文明建设的重要保障，是基于国家战略层面考量的。为此，国家出台了大量的规章制度和法律法规。为了加快建立系统完整的生态文明制度体系，党中央和国务院做了大量工作，积极研究和制定了一系列促进生态文明建设的制度。源头上的生态治理被纳入顶层设计，因为源头上的生态环境一旦遭到污染和破坏，与之相关的环境都会因此而受到影响。我们叫它"蜘蛛网效应"。"蜘蛛网效应"就是指一旦源头的生态环境受到污染和破坏，那么这种污染和破坏就会以此为起点像蜘蛛网一样向四面八方辐射。

加强制度建设是防止"蜘蛛网效应"的有效途径。2015年4月《中共中央国务院关于加快推进生态文明建设的意见》和2015年9月中共中央、国务院印发的《生态文明体制改革总体方案》都明确指出，要把“源头预防”作为生态文明制度建设的重点。为了使自然资源资产的归属清晰、权责明确，进一步健全了自然资源资产产权制度。为了对所有国土空间进行科学合理的规划和利用，制定了国土空间用途管制制度。为了有效保护生态环境，坚持谁污染和破坏生态环境谁付费的原则，制定了资源有偿使用制度和生态补偿制度。为了加强对污染物排放的监管，做到及时向社会公布环境信息，畅通举报渠道，让全民监督，建立和完善了生态环境保护管理制度。为了保护水资源、防治水污染、改善水环境、修复水生态，加强对河湖流域的管理，建立了河长制度。2016 年 12 月，中共中央办公厅、国务院办公厅印发了《关于全面推行河长制的意见》，并发出通知，要求各地区各部门结合实际认真贯彻落实。为了加强生态文明法治建设，用法律为生态文明建设提供保障，制定和完善一系列关于生态文明建设的法律法规。比较典型的有《中华人民共和国环境保护法》《中华人民共和国土壤污染防治法》《中华人民共和国资源税法》《中华人民共和国房地产税法》《中华人民共和国耕地占用税法》《中华人民共和国水污染防治法》《中华人民共和国大气污染防治法》《中华人民共和国矿产资源法》《中华人民共和国海洋基本法》《中华人民共和国发展规划法》《中华人民共和国节约能源法》等。为了促进乡村生态文明建设，必须对乡村政府机关和各行各业增加考核内容，如资源消耗、环境损害、生态效益等指标应纳入考核和评价中来，增加考核权重，强化指标约束，不以单一的经济增长作为衡量政绩的指标，进一步健全和完善了政绩考核制度。对环境保护好和生态效益高的单位给予奖励，并作为模范让其他单位和部门学习。中共中央组织部于 2013 年 12 月印发了《关于改进地方党政领导班子和领导干部政绩考核工作的通知》，把生态文明建设的实际成效作为一项主要指标对领导干部进行考核，政绩考核更加突出科学性，生态文明建设更加制度化。乡村生态文明建设制度化是国家一直在不断努力完善的工作，国家越来越认识到乡村生态文明建设必须要有完善的制度体系，这样才能为推进生态文明建设提供可靠保障。如果乡村生态文明建设不实行制度化，那么这项工作在实践中就无章可依和可循，就很难践行绿色发展理念，实现科学发展，生态文明建设就难以取得预期成效。

三、乡村生态治理多元参与机制

乡村生态治理主体的多元化与现代化对于乡村生态振兴而言至关重要。强化生态治理多元主体平等、理性、有序参与是乡村治理的基本理念，是实现乡村生态共建、共治、共享的重要保障。古尔德桑和墨菲在胡伯等人研究的基础上，进一步明确了生态现代化的四大特征：一是在政府干预的协助下，环境和经济能够为经济进一步发展而成功地结合在一起；二是环境政策目标应该整合进其他政策领域；三是寻求替代和创新的政策措施；四是发明、创新与传播新的清洁技术是至关重要的。耶尼克则提出了生态现代化需要展现如下三大能力：一是问题压力（引发一种处理环境／经济相关问题的愿望的驱动器）；二是创新能力（国家和市场制度的创新能力）；三是战略能力（长期令环境政策强有力制度化的能力）。

基于生态合作理念，乡村政府、农民、乡村企业等多元主体在平等自愿的基础上形成了良性互补、多维合作的关系。通过集中管理乡村生态事宜，第一时间发现乡村生态问题，并妥善地予以解决，从而促进乡村又好又快地发展。这种生态治理理论的主要作用在于：彻底改变以往单一的政府主体对乡村生态的管控，积极引入多元主体的介入，通过培育社会力量，使其在生态治理中发挥积极作用。具体而言，在生态现代化背景下，乡村多元主体生态治理实践主要通过以下几个步骤来完成。

（1）对乡村生态环境进行定位与诊断。通过对乡村区域的实际调研，系统梳理乡村生态环境的具体问题，通过乡村生态指标的综合比对，找出乡村区域内的生态问题，并根据系统分析进行有效排序，落实各种生态问题的治理边界以及系列治理方案等安排。

（2）确定多元生态治理主体。多元生态治理主体关系不仅包括在生态治理中的合作主体间的关系，还应该包括主体所治理的对象与主体间的关系以及主体的分工、义务、责任和职能等；其中，主体所治理的对象主要指乡村生态环境治理对象，包括河流、水库、湖泊、农田、污水、垃圾以及生活习惯，等等。

（3）确定生态治理合作方案。基于乡村生态各利益方的目标，确定合理的生态合作方式，拟定多套生态合作方案。主要包括方案的编制，方案规划的评审、修改与完善，方案实施，对方案实施的模拟检查以及考核验收。

（4）拟定乡村生态治理合作议题。由于广大乡村生态环境差异大、生态资源多样，要坚持绿色与生态的理念，本着“绿水青山就是金山银山”原则确定生态议题。对于那些投入成本比较大、回收效益期比较长，而对于乡村生态环境治理至关重要的一些生态议题要给予明确坚持，尤其要重视那些特色突出的专项生态议题，例如“村屯绿化”“饮水净化”“道路硬化”“污水处理”“河道清理”和“植被维护”等。

（5）明确生态治理实施路线。一旦合作议题确定了以后，我们要做好相关项目的推进工作。一是要营造氛围，做好生态治理的宣传工作；二是按照实施路线进行项目细分，进行项目的全面推进与执行；三是做好项目的综合整治工作。通过对生态治理的问题整改，有效解决历史遗留问题。

（6）对生态治理项目实施监督。这是乡村生态治理的必要环节。主要是对生态治理项目进行全过程监管。根据项目合同，监督检查项目的实际落地情况。通过项目阶段性评价与总体执行情况评价等寻找问题，并判断执行不到位的原因所在。对监管者的管理工作的评价应分等级，对于评价结果等级低的监管者给予相应的处罚。

（7）乡村生态治理评价与反馈。这是乡村生态治理效果的量化考量。既是对乡村生态治理合作方案的合理评估，也是对乡村生态治理过程的效果评价及反馈。当然，这一阶段的评价与反馈大多引入第三方机构进行环评。显然，乡村生态治理是一个涉及国计民生的重大课题，需要各行各业、政府、企业、民众、第三部门等多方专家的积极参与，利用其跨学科的专业背景进行综合评价。

乡村生态环境治理既需要宏观规划，也需要微观调控。乡村生态治理应该将研究视角从宏观的乡村生态聚焦到微观的、具体的、单元式的、项目式的乡村生态治理上，注意加强从微观视角去研究和实践，在乡村生态治理过程中，注意生态要素搭配，“将这些相关要素内化到生态治理体系之中，并使各要素间发生更加紧密的联系和良性的互动”。“虽然政府、非政府组织、企业以及个人的生态认同和环境治理的参与技能都有了不同程度的提高，但多主体的参与决策平台还很少，公众参与环境决策的广泛性与公平性不能持续”[①]，这也是当今乡村多元主体生态治理面临的实际问题，这需要加强多元主体协同联动的治理机制。特别注意抓紧建立在乡村生态治理过程中存在的缺位生态机制，改进不适宜的机制；特别要坚决摒弃不合理、不合法的治理机制，注意加强完善最严格的农民耕地保护机制，严守农民耕地的“红线”，确保农民的各项合法权益；特别注意在推进乡村生态治理过程中，坚决执行农民代际补偿机制和生态补偿制度；大力加强乡村生态环境监管机制，健全生态环境保护责任追究机制和生态环境损害赔偿机制，推进乡村生态和谐发展。

四、乡村生态治理协同运作机制

乡村生态治理协同运作机制是创新实施社会治理的一体化耦合及运行，就是寻找一条适合我国国情和各乡镇基层情况的治理模式。乡村生态治理是以“生态型政府”建设为目标的生态实践，其运作机理明显呈现了政府主导、制度保障、整体规划、企业参与、公民支持的整体性联动特点。基于乡镇政府对全局工作的领导，整合资源，建立协调联动机制；实施政策引导，建立产业转化机制；实行开放式治理，建立农民参与机制；监督行政执法，建立考核考评机制。所有工作机制一盘棋推进，形成网格状、多层次、全方位、稳定的治理体系。由生态治理的实践探索我们认识到，运行机制的系统化是新时代推进社

① 朱芳芳．中国生态现代化能力建设与生态治理转型 [J]. 马克思主义与现实，2011(3)：193-196.

会治理的体制基础。

乡村生态治理协同合作能够克服“九龙治水”的格局，加强乡镇政府内部各部门之间的同步合作，是实施生态治理与生态建设的重要经验。在专设机构的统一领导下，各专项工作组分线执行，各主管部门牵头协调，各乡镇工作机构落地实施，在全乡形成乡村分级管理、各部门整体联动、协同推进的系统化治理格局，在乡镇政府体系内形成多元协同作战的行动体系。乡镇政府内部各单元纵横交错的协作行动，使全乡镇所有政策同出一令，所有资金同出一账，所有舆论导向同出一声，构结成了一条生态建设“生态链”，明显提升了工作效率。在乡镇政府、企业、农民“三位一体”的系统中，乡镇政府处于“内核”的地位，它是整个系统的组织者，理应首先强化自身的向心力，向心力的提升需要依靠内部系统的和谐合作，这是推进全局工作的前提条件。因此，乡镇政府系统内各单元的合作是政府“该做的事、必做的事”，协同合作是创新和推进社会治理的内生要求。

同时，乡村生态治理协同合作要基于“市场基础上的乡村发展”“国家规制下的市场运作和社会发育”以及“联合国家力量与市场力量培育社会”的多重关系的清晰认定。我们从产业的方面对生态乡村建设中的国家、市场与社会的关系进行了讨论。在上述力量体系中，通过发展生态型的乡村经济，乡村社区有了经济社会复兴、理想的乡村面貌重返的可能性。通过生态促进发展，通过发展维持生态，将乡村社区重新塑造为一个理想的归处，是我们的最终目标。在讨论生态建设模式与当地的联系方面，学界已经形成了“社区参与”的研究框架。这个框架针对的问题是生态建设过程中社区的排斥问题。学者们致力于打破既有生态建设中乡村对发展的疏离境况：生态产业如乡村旅游等难以持续发展、旅游飞地、有效的管理机构缺乏、获利不均引发矛盾，等等。

不过，既有社区参与生态治理的状况并不乐观。由于社区居民相对地位低、参与能力弱、利益相关者之间无法形成协调的利益分享机制，政府的旅游相关政策尚未完善以及缺乏应有的参与机制等，社区参与基本上还是浅层次地参与，比如象征性参与、被动式参与或者是伪参与。从总体上来看，这些参与行为尚属浅层次的，是被动的、从属的，重形式、轻实际的零散参与行为①。在新时代的背景下，推动社区参与的手段和方法都必须重新思考。中国的文化背景和政治环境造就了从西方直接移植的“社区参与”的特殊缺陷。在乡村发展中多由政府、外来企业作为决策主体，以利润换发展，追求经济效益，以近期利益为主；结果是企业增收，但是乡村环境恶化，资源特色逐渐消失。

社区主导下的乡村生态治理成为一种选择。由政府作为开发主体，传统基层组织、农民协会等农民自组织作为决策主体，在社区全体农民间分享效益，使用民主决策和分权管理的方式，以内生式发展为主，能实现地方控制化、决策民主化、产业链本地化、合作协同化，最终形成有利于乡村旅游可持续发展的模式。这一社区主导模式包括三种基本类型：股份制运营模式、基层组织主导模式和农民自组织主导模式。与农民个体主导、政府与外来企业主导区分开来，实现将社区居民作为赋权群体和受益对象，实现农民的自我组织、管理、监督和服务等职能。从“社区参与”到“社区主导”的提倡着眼于社区在发展乡村过程中的缺位。通过村庄组织或者村民自组织的发育，提升村民的参与度。这一做法对于当前以“社区参与”为名进行的各种“伪参与”有一定的针对性；然而，正如“社区参与”在中西方实施过程中所遭遇的不同境况一样，试图通过村庄基层组织或者村民自组织的形式进行社区发展，必然也要考虑土壤的问题，即当前村庄组织是否具有担当这一重任的能力？通过有关调查研究发现：村委会直接管理旅游运作的设想在设计初虽然可行，但是伴随其运作，出现村支书家建违章建筑导致人们上访、信访；而由村委会设计的游客服务中心，由于不符合需求也形同虚设。这一现实直接让村庄基层组织作为乡村发展的担当力量的思路蒙上一层阴影，即基层组织本身与“干部经济”有着密切的关联，容易导致权力正当性的缺失，而基层组织同时又与干部竞争的“锦标赛体制”

① 邹统钎，王燕华，丛日芳. 乡村旅游社区主导开发（CBD）模式研究：以北京市通州区大营村为例 [J]. 北京第二外国语学院学报，2007（1）：84-90.

有着密切的联系，从而可能导致目标替代。故而，通过基层组织实现乡村深入参与有着诸多条件。而通过村民自组织进行乡村发展则又面临着另外的问题。无可否认，作为中国研究中占据统治地位的“国家社会”范式的宠儿，基层自组织承担着社会发展的期望。然而理论上的高度关注也伴随着实践上的失语与迷失。首先，这给我们对各种自组织所赋予的各种期望打下一支预防针；其次，对于乡村自组织来说，资金的匮乏是现实的也是严峻的；最后，乡村自组织还缺少与中国乡村社会契合的土壤。在这一前提下，通过外部力量进入，诱发、引导自组织的产生成为大多数人的思考。但是同样，通过外界力量进行自组织培育也会面临诸多风险，如陆汉文等发现，民间组织在参与乡村发展时面临种种问题，在项目实践过程中，民间组织与社区之间分分合合，表现了二者各自不同的取向，外来力量推动的民间组织有可能过于强调自身的取向而与村庄自身发展之间形成隔阂，从而最终导致二者之间的分裂。而真正能够诱发村庄发展的民间自组织，如通过类似联合国开发计划署等力量介入来推动，在力量的形成方面也会存在很多制约，存在特殊的物质和历史条件，也许可以在某一时期、某一地点实现，然而其条件苛刻，普及非常困难，难以复制。

综合来看，乡村生态治理需要多元主体的多元互动，生态乡村建设依赖于多主体的互动。而在社会互动过程中有多方面的力量，其目标的实现依赖于多方博弈。同时，也要认识到社会文化互动关系对于制度的形成的重要影响，结构与文化之间呈现相互建构的作用，结构的出现受到某种文化以及其间参与的行动者的重要影响，而这一过程则可能存在未预期后果，从而反过来对多文化和人们的行动与观念产生进一步的影响。

五、乡村生态治理利益补偿机制

建立生态治理利益补偿机制对保障公民的利益发挥着重要作用，在生态治理过程中为了保护公民利益、防止利益损害而引发无序参与行为，必须引进生态补偿机制。

从保护和可持续利用生态系统的目的来说，以经济手段调节相关者利益是一个必要的制度安排。乡村生态建设涉及一定的保护成本，也涉及所在地的发展机会成本，可以通过政府手段和市场手段调节相关利益者之间的利益关系，从而理顺生态保护的机制。从乡村发展的历史来看，最初的政策设计并非直接针对生态补偿，但是在一定程度上发挥了生态补偿的作用。所以，在改革开放四十多年来的乡村政府实践中，生态环境一直没有被明显破坏，而保护生态的相关文化理念则在逐步发展中得到确定。此时，相关的产业发展平台出现，即作为建立生态补偿机制的平台，虽然没有直接指向生态建设与补偿的目的，但是相关政策却起到了补偿的效果。在明确了“生态立乡”之后，明确表明生态补偿目的的政策平台与具体制度就逐渐发展起来了。

(一) 建立生态利益补偿机制

首先，协调各主体的利益，统一生态治理目标。通过生态补偿机制对因为保护环境而造成的经济发展受限制的地方和居民进行经济补偿，增强其发展环保事业的能力，保障生态保护地区公平发展的权利，也有效防止因为影响居民收入引发的无序参与行为。此外，按照生态环境保护要求，谁保护、谁受偿，谁受益、谁补偿，谁污染、谁治理，建立生态补偿机制，公民作为环境保护人则享受一定的经济补偿；资源环境的受益者承担一定的经济补偿责任，污染者则承担治理责任。对于一些生态补偿重点，如基本农田、水源地、湿地、林地，加大补偿力度，这样一来，公民的合法权益得到了保障，无序行为则大大减少。

另外，乡村镇政府对个人和区域保护生态系统涉及人也进行了补贴，补偿他们为保护生态系统和环境的投入以及放弃的发展机会。政府每年给予林地农户和承包者经济补偿。例如，根据林业的保护程度，可安排现代林业发展资金专项给予绩效奖励补偿，在外部成本内部化的情况下，生态环境恶化的“公地悲剧”得以避免，遏制了对资源环境的过度利用。通过切实保障短期利益，作为长远利益的生态建设有了更为充实的保障。针对当前生态建设管理的重要形式，学者们越来越注意到项目式治理的特点以及其对于国家治理的意义，不过关注的焦点集中于中央与地方的关系，牵涉更多的是政治社会学中的中央地方议题，以及国家的治理问题，对地方政府的具体实践却模糊不清，只在与中央的关系中才被当作整体的一面来体现，其本身的丰富的做法以及对于地方的具体的经济实践却无从反映。对基层政府的行动逻辑与运作方式的研究进行简单的回顾，有助于我们进行下一步的界定与分析。如许慧文在考察改革之后的中国乡村基层政权时认为，在以市场为基础的网状社会结构下，张静用“政权经营者”的概念来指称地方政府及相关行动者的行动逻辑，而与之相关的则是杨善华称为“盈利性经营者”的这么一个历史图像：政府本身也是一个经济意义上的组织；基层（乡镇）政府几乎总是直接参与经营活动，但其既不是为了（至少不是完全为了）完成国家的计划指令，也不是为了社区的福利，而主要是为了本乡镇政权这个利益集团的赢利[①]。

伴随相关政策的变动，基层政府也呈现出更为复杂的面向：当基层政权成为一个有着独立的利益诉求和广阔利益空间的“谋利型政权经营者”时，它的行动逻辑就有了诸多变化，容易直接介入经济生产领域以谋求自身的利益；另外，在政府“逆向软预算约束”的条件下，政府也会主动通过各种渠道，自上而下索取资源。周飞舟的研究揭示，税费改革导致中西部地区的乡镇财政空虚，乡镇政府的中心工作围绕着财政转移支付进行，而与基层农民之间的关系日益淡薄，转变为“悬浮”型的政权[②]。新近的研究拓展了乡村基层政权的实践形态。当进入政府运行方式的层面时，“压力型体制”的压力和竞争锦标赛的刺激，使得“运动式治理”也成为基层政府治理的重要策略[③]。正如制度研究者

① 杨善华，苏红.从“代理型政权经营者”到“谋利型政权经营者”：向市场经济转型背景下的乡镇政权 [J]. 社会学研究，2002(1)：73-81.

② 周飞舟. 从汲取型政权到“悬浮”型政权税费改革对国家与农民关系之影响 [J]. 社会学研究，2006（3）：18-26.

③ 狄金华 . 通过运动进行治理：乡镇基层政权的治理策略——对中国中部地区麦乡“植树造林”中心工作的个案研究 [J]. 社会，2010(3)：62-70.

所指出的，在收入越加集权的体制下，资金的分配出现了依靠“条线”体制另行运作的情形。这一点不仅仅体现在中央政府，地方政府对于发展同样采取了这么一个方式，在生态建设的管理中尤其如此。除此之外，在项目申报上有了生意和规模以后，我们就会申请一些规模和示范性部门。如农业委员会的农业产业化部门负责本地的农业产业发展，特色产业科负责休闲农业，文化旅游部门负责旅游管理，环保局负责环保设施的规划建设，新乡村办公室则负责新乡村建设。平时的事务性事项由不同的部门进行专业管理，而在必要的时候则由特定部门牵头统筹配合。如为了承接“农业部休闲农业与乡村旅游”系列活动，则由特色产业科协调，旅游局、产业化办公室、环保局等部门配合，将日常工作与必要时期的运动整合治理衔接起来。项目式运作和运动式管理，是当前生态产业发展的基本管理方式。

（二）建立区域生态补偿机制，促进地方政府之间的生态合作

地方政府间利益的冲突也是出现生态治理困境的重要原因。首先，有的地方政府在乡村城镇化任务的既有体制环境下，为了或公（地方公众脱贫致富的需求）或私（自己的政治和经济利益）的利益，竞相以地方生态环境为代价进行竞争，对区域性的生态环境问题采取漠视的态度，这样，作为公共物品的生态环境又一次成为利益的牺牲品。其次，乡村城镇化任务完成落后的非城镇地区与实现城镇化的发达的城镇地区之间存在着环境保护权利与义务的不对等。由于生态环境的特殊性，落后的非城镇地区承担着更多的环境义务，“大量的限制性和禁止性规则约束着这些区域的经济发展，而其带来的环境保护效益其他区域却可以无偿享用”，与其相反，发达的城镇地区享受着更多的环境收益却不必付出相应的成本。更何况，城镇地区的地方政府掌握着更多的社会经济资源，比城镇化落后地区的地方政府具有更强的话语权，更能影响上级政府的区域发展政策，而落后的非城镇地区则相对处于“失语”状态。这样，落后的非城镇地区不论是在经济发展方面还是生态环境利益方面，都处在“被剥削”的位置，因而落后的非城镇化地区的地方政府也就没有参与生态治理的积极性

了。因此，需要设计一种能促进地方政府间合作的利益诱导和平衡机制，来促进区域生态补偿机制的完善。

第三节　乡村生态治理的困境

乡村生态环境的持续优化，生态治理是最基本的保障。尽管乡村振兴战略的实施在很大程度上推动了人们对乡村生态治理的认知，但乡村生态系统所固有的复杂性与动态性，导致许多乡村生态治理目标难以实现，也使得一些地区生态治理效果落后于乡村经济发展速度。具体而言，乡村生态治理存在以下四重困境。

一、乡村生态治理意识淡薄

由于公共服务相对落后，乡村环境生态宣教工作基础相对薄弱。同时，在很长时期内大量劳动力外移，留守农村的村民文化水平相对不高。再加上农民本身经济条件相对较差，大多埋头忙于农活，虽然告别了“面朝黄土，背朝天”的处境，但却无暇顾及生态治理，因而在生态文明宣传时难免态度冷漠。我们清晰地知道，错误的观点将会阻碍生态环境的建设，而正确的生态环境观自然有助于生态环境的发展。这主要基于现在农村的生产方式还没有得到根本性的转变。一些传统粗放增长型的农业生产仍然大量存在于农民的生产实践中，少部分群众可能缺乏生态意识，刻意追求短期的生产效益而忽视了生态效益，出现了过量使用化肥、生产生活垃圾随意排放、过量使用难降解的塑料制品、秸秆焚烧等错误行为。而这些破坏生态环境的行为没能得到有效的制止或合理的引导，导致有些乡村生态环境问题形势严峻。同时，不排除有些乡镇干部对于生态治理不够重视，基于岗位绩效评价一味地强调经济效益而忽略生态效益，基于经济原则大力支持排污量高的工农业生产企业。这样做虽然能够起到发展农村经济、提升本地就业率的作用，但这一行为却本末倒置，使得经济的发展以牺牲生态效益为代价。可以说意识上的不重视给乡村生态治理带来了极大的困扰。

同时，农村生态资源无限制的消耗也给乡村生态治理造成极大的问题。资源的过度浪费不符合当下节约型社会的建构，对于乡土社会的可持续发展造成不好的影响。资源的过度流出也造成了乡村生态资源的极度空缺。国家统计局发布的《流动人口监测数据》显示，2018 年全国流动人口总量为 2.54 亿人，其中农民外出总数约 1.82 亿人次，占总流动人口的 72.5%，“乡村空心化”问题严重。乡村青年大量外出务工显然不利于乡村生态的治理。因为在农村，这些壮年劳动力不仅仅是人力资源的高效代表，同时还能够接受先进的生态环保技术与生态治理理念。这些好的理念与思维方式必然会影响到农村的其他人。我们发现，就现实情况而言，老年人与儿童相对来说缺乏生态治理的意识与能力，他们显然不能成为乡村生态治理的主要力量。同时，对于乡村社区而言，一是缺乏合理的生态型乡村的规划。有些乡村甚至出现农村基础设施重复建设的情况，这也直接导致了农业用地与建设用地的规划不合理。二是生态治理的多元参与机制还有待进一步健全。有些乡村的部分农民甚至游走于乡村生态治理的行动之外。三是农村生态治理的长效机制有待进一步健全与完善。事实上，近年来国家对乡村环境越来越重视，投入了一定资金，配备了一些生态治理基础设施，但是并没有专门的运营团队和管护机制，也缺少专项管理资金，导致了这些设施的闲置和浪费。总之，机制发展不健全、制度僵化是阻碍乡村社区生态治理的重要因素，不利于构建城乡生态共同体，不利于提高居民的环境保护意识、生态治理参与能力以及积极性，更不利于乡村振兴工作的全面开展。

二、乡村生态治理主体失位

乡村生态环境治理的主体角色认知不清，组织运行效率不高。就其本质而言，乡村生态资源在经济学意义上属于半公共物品，而如果缺乏相应的制度建设作为保障，必然会导致生态环境的“公共地悲剧”现象。事实上，在乡村生态治理实践中确实存在外部效应，有些破坏环境的企业对乡村生态产生了不利的影响，起到了不好的示范效应。如果不能够即时给予相应的处罚，生态治理形势将会更加严峻。科斯认为，环境外部性问题根源上是由于市场产权界定不清造成的，因此只有明确界定和保护产权，并放开对于市场进行自愿交易的限制，市场主体之间的交易活动自然可以有效地解决环境的外部不经济性问题。在乡村生态治理实践中，我们要依据“谁污染谁付费”的原则实行资源成本加总化，即通过环境成本内部化机制解决环境问题。同时我们也可根据生态补偿原则对于相应的利益群体给予相应的生态补偿。然而事实上，由于乡村土地、林地等自然资源属于集体产权所有制，产权界定模糊，很难通过市场交易机制提供责权明晰的行为机制和运作路径。

基层环境治理机构关系尚未理顺。乡村治理大部分属于自主治理性质，很多时候地方政府自上而下的行政化环境制度设计与乡村环境治理部门的自主性治理存在某些张力。原因是多方面的，一是乡村基层环境保护部门功能缺位。近些年来，国家大力提倡生态文明建设，这对于乡村生态治理是极大友好的，相关乡村生态环境保护部门开始逐步成立，但由于历史欠账太多，新旧问题累积叠加，机构运作效率迟缓，管理规范欠缺。二是乡村生态基础设施相对落后，环卫队伍缺失。受经济条件制约，乡村的生态基础设施自然没有城市那么便捷与密集，地方治理资金投入不足，污染治理设施建设投融资渠道单一，资金投入和运行模式以政府财政和村集体补贴为主，迟滞了农村环境治理的市场化进程，导致一些常态基础设施，如污水处理站、垃圾中转站、生活垃圾箱数量过少，不能够满足需求。三是环保多部门协调困难。乡村环境治理涉及多个部门，如基层环保部门对乡村工业污染的监管，农业主管部门对农业生产化肥过量使用、农药残留污染的监督，城乡建设部门对生活垃圾和污水的处理和加工，以及畜牧兽医对家畜养殖污染的防控等。部门之间没有隶属关系，各自开展工作，缺乏相互协调和共同推进的机制，难以发挥环境治理的整体合力。乡村社区环境自治运作困难。随着体制背景、社会基础的变化，中国原有的乡村社区组织管理体制已经不再适应新时期乡村社区发展和社区建设的根本要求[①]。

三、乡村产业存在多源污染

相对于城市而言，乡村的人均面积大，且地形地貌复杂，这使得乡村出现了两种截然不同的局面。一方面，乡村相对城市而言，人口不集中，生活节奏较慢，生活压力不大；另一方面，乡村的公共设施相对落后。就生产而言，交通不够便利，不利于生产。而现有资料显示乡村的污染主要包括农业污染、工业污染、居民生活污染三大方面，这受乡村特定的地理区位、产业形态和生活习俗的影响，从根本上来说则是由乡村落后的生产方式、生活理念和发展境遇所导致的。总体来说，农业污染来源主要包括化肥使用、农药使用、地膜使用、秸秆焚烧和畜禽养殖等。据统计，我国粮食产量占世界的16%，化肥用量占31%，每公顷化肥用量是世界平均用量的4倍。而我国每年180万吨的农药用量，有效利用率不足30%[②]。乡村传统的石化农业生产方式，不仅加大了农业生产成本、破坏了土壤结构、威胁了生物的生存、加剧了水体污染，还严重损害了居民的身体健康。此外，农药和地膜的使用也加剧了土壤及农作物的污染，秸秆焚烧会造成严重的粉尘污染和大气污染。另外，畜禽养殖是乡村生态环境污染的另一重要原因。尽管相关部门严格要求养殖场做到废弃物内循环或无害化处理，但是养殖场普遍面临着集约化、规模化水平不高，资金实力不足，缺乏废弃物处理的技术设备问题，为了自身利益最大化，偷排偷放的现象时有发生。工业生产所排放的污染物按规定应由企业内循环或治理达标后排放，但也有部分企业为节省资金或因技术设备不足投机取巧，致使水和土壤重金属含量超标，空气环境污染严重，对居民身体健康形成威胁。乡村居民生活污染源主要由生活污水、生活垃圾、粪便排放三个方面构成。居民生活污水治理的难点在于，村庄居民聚集程度不高，凌乱、分散的状态导致很难建立遍布

---

① 王为民 . 完善农村社区管理模式的探索 [J]. 社科纵横，2013(3)：51-54.

② 成波 . 新状态：为减肥减药注入核动力 [J]. 营销界，2017(17)：84-85.

全村的污水回收管道进行统一处理，所以基本上都是由居民直接排放进水渠，随之汇入河流或渗进土壤。近年来，省市相关部门对乡村生活垃圾处理问题较为重视，每年都下拨专项资金进行整治，现在每个村都有专门的环卫工人，在规定时间沿着乡村道路回收垃圾。不足的是，居民环保意识普遍较差，多半居民素质较低，再加上路边未设置垃圾桶等相关配套基础设施，环卫工人搜集处理垃圾时间不固定，且经环卫工人收集的垃圾一般都是在固定的水泥垃圾池直接焚烧，虽然减轻了地面污染，但又影响了大气环境。另外，垃圾的清运主要是采用敞开式或半封闭式收集设备，且偏重人力收集，使乡村面源污染治理形势更为严峻复杂，极大地增加了治理难度。

四、乡村发展方式较为粗放

受城市农村剪刀差的发展模式影响，乡村产业一方面分布不均，另一方面产能落后，没有实现集约化的生产，而是较为粗放，这自然为乡村生态环境的治理带来了极大的障碍。四十多年以前那些排污量大、生产方式落后的密集型企业为乡村经济发展带来了极大的经济效益，而新时代的今天，这些过去的明星企业在推动乡村经济发展的同时，对生态环境的破坏也越来越大了，并且具有典型的“三高”特征，即高能量、高投入、高污染。这造成了“高经济、低生态”的恶性循环局面。同时，多数地区乡村企业设备简陋、生产粗暴、水平落后，工业污染处理粗糙、资源利用率低，加之农村还未形成一套行之有效、监管有度的生态环境管理与监督补偿机制，对乡村生态环境问题并不能有效地给予应对。此外，乡村经济过度依赖化工、金属冶炼等“三高”工矿产业以及经营粗放的印染、食品加工产业，产业发展不均衡，给乡村生态环境带来严重的点源污染与面源污染，区域问题严重[①]。这对乡村经济发展建设的生态效益与经济效益的综合提升亦有不利影响。

---

①张学军．美丽乡村建设视角下农村生态环境现状与对策 [J]．农村经济与科技，2015（3）：37-39.

第四节　乡村生态治理的启示

一、促进乡村经济增长模式的生态化转变

我国虽然进入了社会主义，但是还处于低水平阶段，我国的生产力水平还很低，科技创新能力不高，区域之间和城乡之间的差异还很大，我们应当在推进社会经济长期稳定发展的同时，将生态治理当成头等要务，协调经济增长与生态建设之间的矛盾，不断提高人民的生活水平和生活环境，满足我国人民在物质和精神上的需求。

（一）粗放型向集约型转变，促进生态建设

我国经济发展水平不高，还处于一个相对低水平的增长阶段，人均 GDP 还很低，我们应当努力实现经济增长方式的转变，提高资源的利用率，有效地实现现有资源的经济补偿机制，充分利用自然资源，做到不浪费自然资源，并努力保护好生态环境，实现生态的可持续发展。胡锦涛强调，实现未来经济发展目标的关键环节之一就是要加快转变经济增长方式，坚持走中国特色新型工业化道路。改革开放以来，我国经济增长迅速，但经济的发展多半是以环境和资源的消耗为代价的，我们要努力转变经济的增长方式，由粗放向集约转变。首先，应当加快农业的转型。粗放型的农业生产导致土壤退化、生物减少，形成了恶性的循环。如我国在利用森林时没有形成一个循环系统，只是一味地砍伐甚至是蚕食式地利用，但是自然资源是有限的，它的恢复也需要一定的时间，如果我们不好好协调与自然的关系，就会导致资源的枯竭。其次，我们要加快新能源的推广和使用。改革开放以来，我国在发展经济的方式上还没能由粗放型向集约型转变，经济结构比较不合理，经济的发展也主要是依靠大量掠夺自然资源。我们必须看到，我国的自然资源不是很富有，如果按照现在的方式去发展经济，我国的自然资源很快就会枯竭，所以，我们必须努力转变经济

增长方式，运用先进的技术提高企业对资源的利用率、开发新能源、降低高能耗企业对能源的需求，同时还要树立科学的生态观，提高人们对自然的认识。习近平总书记非常重视生态的发展，他有关生态治理的观念，既继承和发展了邓小平生态治理思想的优秀部分，又有从我国当代实际出发所提出的一些独特的观点。只有转变经济增长方式，提高对资源的利用率，才能减少对生态的破坏，促进生态建设。

1995 年，全国各地全面开展了生态村建设和环境优美乡镇建设活动，并为乡村的建设注入了新的生态文明理念。习近平总书记两次考察云南，都突出强调生态环境保护工作，为我们推进生态文明建设提供了总遵循总指引。政府要积极引导乡村生态的建设，加强生态观的教育，提高群众对生态治理监督的能力，让广大群众切身参与生态治理，不断提高当地居民与生态和谐相处的能力。“十一五”提出了我们当前的一个重要任务就是经济建设要向“三农”倾斜。政府对生态村建设的推广是一项正确的决策，生态村的大力建设为改变乡村落后面貌、加快与城市经济社会增长相适应、走向“三农”协调发展创造出一条新路。生态村建设是由政府引导、农民参加、社会积极参与的一场影响乡村建设的大变革，着眼基础、着眼发展、着眼生态，体现了人与自然之间的和谐共生，也突出表明发展和推广生态村建设是一项正确的选择。生态村建设结束了在自然经济条件下自发形成、自发延续、自发扩展的乡村建设模式历史，发生了革命性转变。在生态村建设中我们取得了丰硕的成果，不仅使乡村生态环境面貌发生了变化、改变了以前传统的生产方式，同时也使农民生活消费观念发生了翻天覆地的转变。生态村建设成果表明，这是建设社会主义新农村、环境保护领域的大胆探索和实践成果，不但改变了乡村落后面貌，改善并修复了已经被破坏的生态环境，而且提高了农民的生活水平和质量。截至 2013 年，我国已经有超过 102 个“全国环境优美乡镇”。在党和政府的带领下，生态村的建设在全国轰轰烈烈地展开了，生态村的建立不仅改变了村民的生活环境，同时还为他们带来了丰硕的物质财富，改善了他们的生活条件；人们的精神生活也得到了提高，在政府对生态思想的宣传教育下，人们逐步转变了固有的传统的生态观，提升了整个乡村领域的生态水平，为加快实现人与自然的和谐共生提供了坚实的群众力量。

(二) 政府引导，发展循环经济

发展循环经济就是以尊重自然为前提，不断地提高人类本身的发展能力，在提高资源使用效率的前提下形成的新型经济形态。2021 年 4 月，习近平总书记在主持中央政治局第二十九次集体学习时，深刻论述了生态环境保护与经济发展的关系，指出了绿色低碳循环发展的重要性。大力发展循环经济，有利于我们与自然和谐相处，有利于节约资源，建设绿色生态，是新形势下人们处理人与自然关系的正确选择。20 世纪 90 年代末以来，我国开始吸收、借鉴发达国家在推进循环经济建设上的思想与体制，结合我国的实际情况，从不同的层面、角度和领域，举办了多次发展循环经济的研讨会、学术报告会，使循环经济的思想在我国各个阶层得到了认可和支持。在生态环境部的指导下，不同的地区和行业进行了循环经济示范区建设的试点，以探索适合中国国情的生态治理和循环经济的路子，为今后我们在更大区域内广泛推行循环经济的发展积累了经验，创造了条件。例如，广西某市的生态工业示范园区建设就是依托当地丰富的甘蔗资源，在政府的带领下有步骤地发展了以制糖为主的产业；辽宁某市区以改造老工业基地调整产业结构为目标，在政府的帮助下发展了循环经济试点建设；贵阳以当地的资源优势构建了属于自己的新兴产业。全国各地都在努力创办循环经济，并且有很多试点已经取得了优异的成效。我们要大力开发煤炭利用的洁净化方法，提高煤炭的燃烧效率，循环利用废弃物资源，同时开发资源综合利用、循环利用和再生等减少污染物排放技术以及生态建设等环境创新技术。循环经济的发展有利于发挥各地的资源、产业、技术、市场等优势，优化产业结构和产业布局，为就业创造更多的机会，为今后经济的良性发展创造有利的条件。这些成功的事例都足以说明促进循环经济的发展在我国是切实可行、大有可为的，也是符合我国经济发展的现实需要和长远战略。

二、推动生态科技在乡村生态治理中的运用

因为科学技术是人类认识和掌握规律的有效途径，所以要想实现我们与自然之间的和谐共生，就必须立足于中国实际，发展先进的科学技术，通过科学技术的不断创新逐步加强我们对资源的使用效率，逐步迈入循环经济的发展模式，提高生态治理能力。

（一）依靠生态科技推动生态治理

科学技术的发展可以成为生态治理的支撑，也可能加剧生态的破坏，有的科学技术运用到工业中可能只适合生态规律的某一个方面，对另一方面来说它有可能会造成破坏。为了避免科学技术对自然不必要的伤害，我们必须加强对它的管理，积极引导它与生态相结合，转变人们对科学技术只能以破坏生态去促进经济增长的错误思想，推动科技生态化的发展。我国正处在加速实现工业化进程中，由于工业内部结构不完善、科技利用水平不高等原因，企业对资源的利用能耗高、污染排放高、生产效率低，对自然环境破坏比较严重。胡锦涛同志曾指出“改善支持科技进步和创新的组织体系、运行机制、政策环境，大力提高自主创新能力特别是原始性创新能力，推动技术进步方面不断取得突破”[①]，强调科技发展的目标就是要协调人与自然界的共同发展，不断解决人的发展与自然之间产生的矛盾，既要学会认识与利用自然资源，又要认识和调节我们的活动对自然产生的影响，优化经济布局，调整产业结构，从我国地域分布规律出发，充分考虑资源特征和区域比较优势，花大力气改变区域产业结构趋同现象，因地制宜、整体协调产业布局，加快利用先进技术和改造高能耗低效率、高污染低产出的企业，特别要加强对重工业的技术改造，全面提高企业内部对科学技术的使用情况和管理水平。

我们要努力推动科技创新，转变经济增长方式，发展循环经济，促进科技

① 中共中央文献研究室．十六大以来重要文献选编（中）[M]. 北京：中央文献出版社，2006：820.

成果的生态化，将科学技术取得的成功不断地融入生态中，把科技集成创新、能源创新等紧密地同生态相结合，加强生态治理，引导生态科技化和科技生态化，促进绿色经济的发展，开发绿色能源，制造生态绿色产品，构建绿色消费市场。第一，依靠科学技术维护生态的多样性和完整性。科学技术生态化首先是减少工业生产垃圾和生活废物，其次是利用科学技术改进生产工艺、革新生产工具，从而提高对工业废物的利用率，减轻对自然生态的压力。通过生态科技推进清洁型生产，使服务或产品的生产过程和生命周期中生成的有毒污染物最小化，将人类纳入与自然界制衡的循环、流动之中。第二，要依靠生态科技突出人类地位的主导性。传统科学技术范式下的现代科学技术受到利益的驱动和竞争的压迫，忽略了我们自身发展的需求，科技的生态化则克服了片面追求经济效益，充分调动了人类主体能动性的一面。由于科学技术生态化效仿自然生态系统创造了既能体现人的意志又能充分发挥人在系统中的主导作用的人工生态系统，改变了人的主体性发挥只片面地集中在单级的经济发展上的思路，促进了人类的全面发展。总体来看，我们要依靠生态科技，将社会生态转化为和谐有序的内在力量，化解人与自然之间的矛盾。

（二）科学技术融入生态治理各个环节

引导科学技术走向生态化方向，是生态治理思想的强有力支撑。党和政府必须为其提供全方位的整体科技政策的导向和宏观经济政策的激励等促进措施，给予经济制度和管理制度的支持和统筹。在此基础上，建立和完善生态科技创新所需要的诸如科技鉴定和科技评审等全方位的科技成果的生态评价体系和社会支持系统。当今环境恶化的一个重要的原因，就是我们在发展经济的时候没有注重生态的治理，长期在经济上的高投入、高消耗，导致了生态资源的过度浪费。在政府的引导下，我们应当不断提高智能化的微制造技术，加快对“采掘和利用天然化学物质”工业的转变，使之成为绿色生产的工业。这一创新性转变是生态文明的主导科技和标志性生产力，就是要求科学技术既要认识、利用和改造自然，又要认识与调节人类自身、人与自然的关系及人的活动对自然的影响。在大力发展生态科技，将科技融入生态治理的发展过程中，即在发展科技的同时，必须考虑到该技术所产生的生态后果。通过发展生态科技，将不合理利用科技对生态产生的危害消灭在科技发展的开始阶段。我们要多开放类似可降解膜的技术，降低对自然的污染，促进科技发展的生态转向——科技生态化。首先是加强科学研究，加快高新技术，特别是信息、生物等领域的科技成果的有机继承和生态组装。其次是提高科技的应用范围。通过现代高新技术，特别是信息、生物、海洋和太空等领域的科技成果的有机集成、生态组装，实现对资源的高效利用、环境保护和生态治理；通过改造传统产业，合理开发与利用矿产资源，实现生态经济的不断发展。再次全面开发利用新能源，加快清洁能源的生产和推广。科技的不断发展可以提高生态治理的效率，在治理污染方面，为了减少生态环境恶化的危害，必须将生态治理与先进技术结合，如污水处理技术、垃圾无害化处理技术等，在污染风险预防技术方面，要大力推行“清洁工艺”“清洁生产”。

三、建立健全和严格执行乡村生态法律制度

建立健全和严格执行有关生态的法律法规是生态治理的重要保障。当前我国有关生态的法律法规还不健全，关于生态治理的专项法律法规制定进程还很缓慢，我们应该不断对它进行完善，促进我国生态文明建设。

（一）加强生态法律制度建设

法制是生态建设的保障。没有一套系统的法律和制度体系，生态建设就不可能得到有效的保障，特别是在生态建设的起步阶段，生态系统还没有形成良性循环，人们对于生态的意识还很淡薄，生态实践还没有达到自觉的水平，所以加快建立并完善有关生态的法律变得必不可少。现在生态建设的法律仍比较薄弱，不能有效地解决生态问题。邓小平生态治理的思想有利于促进人们观念的转变，同时有助于促进法律制度体系的完善。邓小平生态治理思想为当今我国进行生态治理提供了指导思想。邓小平对生态治理思想要求我国在今后的

生态治理中要不断完善有关生态的法律法规，通过建立健全一系列有关生态的法律法规，逐步使生态治理走上法制的轨道，形成稳定高效的生态法律体系。根据我国的发展水平和政策，我国现在所使用的《中华人民共和国环境保护法》对当前保护生态的具体法律规范并没有明确的规定，所以当前一个迫切的需求就是要努力完善我国有关生态的法律法规。习近平提出，“要清醒认识保护生态环境、治理环境污染的紧迫性和艰巨性，清醒认识到加强生态文明建设的重要性和必要性”①。我国在生态治理道路上还有很长的路要走，我们必须建立一个完备的关于生态的法律，只有生态治理有法可依，才能促进生态的可持续发展。首先，政府要充分行使保护公众整体利益、长远利益的行政职能。完善维护生态治理的体制、机制和法律法规，并监督其履行实施，促进生态治理的发展。其次，在经济市场领域内政府应当充分发挥职能，切实维护人民群众的利益，不断通过制定和完善有关生态的法律法规和监督机制加强促进人与自然的和谐共生。我国虽然是一个资源大国，但是人均占有量却很小，资源利用不是很充分。2006年，在全国“两会”期间，我国通过的《“十一五”国民经济发展规划纲要》草案中提出了两个经济社会发展主要指标。这一草案的通过使得减排成为党的政治意愿和国家意志。这样的约束性指标使得国家的各个企业在发展的同时必须注重污染的治理。国家将治理污染的方法放到源头上，从源头上治理，大大提高了生态治理的成效。为此，国家制定和完善有关生态的法律，形成有效的监督机制，发挥法律的执行和监督作用，加大执法力度，强化执行力，做到有令必行，有禁必止，为实现生态建设提供坚实的法律保障。我国先后制定了十几部与环境相关的法律，具体包括渔业、土地管理、煤炭、水土保持、节约能源、防沙治沙、海域使用管理、城市规划、气象、种子、清洁生产等专项法律，这些法律的有效执行，对于改善人与自然之间的关系、促进两者之间的和谐共生起到了积极的促进作用。

---

① 习近平．坚持节约资源和保护环境基本国策努力走向社会主义生态文明新时代[J]. 环境经济，2013.（6）：23-27.

(二) 严格执行生态法律制度

我国根据自身企业发展的特点在2007年4月25日召开了国务院常务会议，强调了企业要调整自己内部结构，促进节能减排工作的进行。这次会议的召开不仅落实了污染物排放总量的实际工作，更重要的是提出了节能减排的工作，又一次将生态治理放在了不容忽视的位置。我国全面开展节能减排工作是在2007年，当时温家宝强调节能减排的工作必须认真做好。在有关生态法律实施情况的考察中，胡锦涛强调，“要完善有利于节约能源资源和保护生态环境的法律和政策，实行有利于科学发展观的财税制度”。当前和今后一个时期内，温家宝指出，要有效地控制高能耗、高污染的行业，合理地调控金融机构对企事业单位的贷款政策，对于那些对生态有严重污染的企事业单位的贷款要求要给予坚决的否定，对于有利于我国经济循环发展的企事业单位的贷款要求要给予支持和鼓励。按照“谁污染、谁治理”的原则，促使企业转变经营方式，主动选择能够减少对环境污染的生产方式，加快企业内部的整改，在提高企业效率的同时减少对生态的破坏。在新治理机制下，将不符合生态功能区治理要求的企业或行业作为生态功能区治理中的被驱逐者和治理对象是一种必然选择；通过技术转型、产业转型等实现角色转变也是一种改进方法。在生态功能区的治理与保护中，要严格限制高消耗、高污染的企业或行业投资生产，对于已经投产的要进行技术改进或产品转型。政府应当建立和完善生态监测系统，通过对企业的监测和考核来评定企业，对于那些对环境破坏大的企业要坚决进行整改；建立健全并严格执行有关生态治理的各项法律法规，加强对一些高能源消耗单位的监督，生态治理要从污染源头抓起。政府随后发出了《关于印发节能减排综合性工作方案的通知》(以下简称《通知》)，《通知》强调要坚决遏制企业对资源的高耗能，提高企业对资源的利用率，加快科技在经济和生态建设上的使用。在经济的建设中强调要“以尽可能少的资源消耗，尽可能小的环境代价实现最大的经济社会效益，使有限的环境、资源得到永续利用”，逐步完善有关生态法律法规的建设。促进人与自然和谐共生，体现着全国人民的共同愿望。习近平同志指出，只有实行最严格的制度，最严密的法治，才能为生态文明建设提供可靠保障。

四、基于生态理念构建乡村健康生活方式

长期浩大的生态治理工程要想取得成功，离不开公众的参与和支持，所以我们应当大力宣传生态文明理念，积极引导公众参与生态治理，使公众真正融入生态环境的治理，保证生态治理的良好成效。

（一）推进生态思想宣传，树立科学生态理念

经济的发展给我国生态带来了一系列的问题，与此同时我国也在加快建设生态保护事业并取得了较好的发展。为了提高全民的生态意识，促进人与自然的和谐共生，我国开展了全国生态教育活动，生态理念从无到有的过程也体现了我国对人们生态教育的重视。生态教育有利于提高全体公民的生态意识，提高人们的文化素养，养成良好的生活习惯。从政府到企业、家庭、个人都应当加强生态思想的学习，以健康、文明、科学的生活方式为主导，使生态理念深入人心，不断促进自然与人的和谐相处。党的十八大报告指出，建设中国特色社会主义总布局是经济建设、政治建设、文化建设、社会建设、生态文明建设五位一体。要坚持人与自然和谐共生，形成节约资源和保护环境的空间格局、产业结构、生产方式、生活方式，还自然以宁静、和谐美丽。人和自然和谐相处，要从与自然之间的对立斗争转变为与自然之间的和谐相生，协调发展，从无限制地向大自然索取自然资源转变为珍惜资源、再生资源、维护生态，从贪婪汲取局部利益、眼前利益转变为考虑人类的整体利益、长远利益和可持续发展，从只顾个人利益转变为协调处理好与周围人们的关系，从片面追求经济利益转变为促进人与自然的共生共存。工业时代的拜物教、功利主义、“见物不见人”的价值观，在给人类带来巨大财富的同时，导致人的理想、真理、正义、尊严、价值等逐渐消失，最终导致人的思想道德、文化修养和人性品质的丧失。我们必须培养人民群众崇德守法的品质，增强人对自然行为的自觉性、自律性

与责任感、义务感。提高人们的生态意识，创造良好和谐的社会环境，提高人们的身心健康水平，教育人们重建自然生态平衡、科学理性和人文情怀平衡的思想。近年来，我国一直都在各个中小学校中开展各种保护生态文明理念教育工作，让学生们从节约用水这种小事做起，从自身做起。在初等教育中，学生的各种观念意识都正在形成，他们分辨是非的能力弱，因此要引导学生树立正确的生态观念意识，同时培养他们改善和保护生态的良好习惯，学校应当定期举办“走进自然”“和自然交朋友”等实践活动，让学生融入自然，体验自然赋予我们人类的财富，让他们从内心上热爱自然、喜欢自然。对于中等教育阶段的青少年来说，他们已经在小学阶段接触了生态教育，到了中学他们的生态思想观念正在向成熟的阶段过渡，学校的老师应当引导他们运用已经获得的知识去了解自然的奥秘，进一步促进他们生态思想的发展。在中等教育中为了不增加学生学习负担，我们要把生态教育融入学生的各门学科中。这种教学模式可使他们在学习中树立正确的生态意识。早在2007年，胡锦涛同志首次发出建设生态文明的号召，到习近平总书记“五位一体”的总布局，都强调了人和自然的关系。生态理念的提出，反映了人们迫切想要促进人和自然达到平衡的关系，体现了人们对于构建人与自然的和谐共生的渴望，也体现了党和国家建设美丽中国的决心。

（二）引导群众转变生活方式

传统的生活方式之所以对自然环境造成破坏，是因为其核心价值是物质主义的，它把满足人的无限的物质欲望作为第一目的，采取各种手段去发掘、诱导和满足感官物质享受，结果必然是人类对自然资源的无度的索取。生态文明建设着重强调了“加强能源资源节约和生态环境保护是我国建设生态文明必须着力抓好的战略任务”。国家倡导生活方式的转变，由物质主义转向精神主义，以精神的价值代替物质价值。在精神价值主导的生活方式中，人们所追求的精神生活不再是以奢侈品和高档品为主，大家更注重的是自己精神上的富足，越来越注重自己生活环境的质量。我们可以利用现在先进的科技，通过网络、电视、报纸以及各大媒体，大力宣传生态保护的思想。目前在中国倡导的绿色消费，其观念和行为的内容主要应该包括节约资源、减少污染。人们生态观念的转变提高了人民生活环境的水平和质量，也有益于我国生态治理的发展。在生态治理的过程中，我们应当大力地普及科学的消费知识，使群众掌握正确的消费知识，正确地处理当前和长远、积累和消费的关系，并且鼓励他们正确而又健康地消费。同时，又必须让他们认识到不能过度消费，因为过度消费会带来资源的浪费，导致环境的破坏。国家应当弘扬和发展先进的消费观，反对和消除不良的消费方式和行为，促进人和自然的共同发展。对外开放带来的富裕生活让人们更加地渴望生态文明，国家还应当对消费的政策进行全面的改革，撤销那些已经过时的、不利于当今时代发展的法律和政策，不断完善、制定新的法律和政策，努力转变人们的消费观念，使他们从极度自私、贪婪、纵欲无度的享乐主义，对奢侈豪华的高消费的现代化高新技术产品的盲目追求，转变到适度消费、生态需要和生态生活上，改变那种认为“增加和消费更多的财富就是幸福”的观念，树立以使用节约为原则、以适度消费为特征的消费观念，追求基本生活的满足，崇尚精神和文化的享受，追求知识、智慧和环境质量成为人生的目的和真正的幸福。我们要营造一个良好的社会，包括文化、教育、卫生、交通、后勤、生活服务条件、文明风尚和和谐秩序等，优化人类生存、生态和生活居住环境，提高人的身心健康水平和生存质量，引导人们逐步形成有利于人与自然和谐发展的适度消费观和绿色消费观。提倡节约型消费，树立良好的生活习惯，改变“一次性消费”和“类一次性消费”，以及其他挥霍性的不适当的消费观念和行为，降低对自然的破坏，减少对资源的浪费情况，加快转变企业的内部结构，推动新型能源的利用，逐步建立和完善生态经济的建设，逐步实现人与自然的和谐共生。

五、坚持以开放的视野积极参与国际生态治理

对外开放给国家带来的经济效益非常丰厚，同时也促进了国际生态治理

工作，使得生态建设不断得到发展。实践证明，对外开放在当时是正确的选择，我们现在还要坚持对外开放，加强国际交往与合作，不断提高我国治理生态的能力。

(一) 借鉴国外先进经验，不断完善生态治理方法

如果一个国家封闭起来搞现代化建设，必然会使资源配置受到限制，生产力难以得到快速发展，与外部环境的隔绝也难以使自己的产品进入世界市场，长此以往，最终会导致国家内部危机，拉大同其他先进国家之间的距离，甚至直接危及本民族的生存。相反，一个国家的开放范围越广，这个国家的经济发展就越快，国家就会越昌盛。对此，邓小平就指导我们在发展经济时必须要对外开放，因为整个世界都在相互学习和借鉴经验和技术，比如，毗邻我们的日本之所以能够在二战后迅速走出战争创痛，实现经济腾飞，其重要原因之一就在于其实行了对外开放政策，就连美国这样资源丰富、资金雄厚、科学技术高度发达的国家，也要从国外输入大量的资本。我国也要在保护知识产权的前提下，加快科技生态化和生态科技化的国际合作与交流。这不仅能提高我国自身的国际竞争力，而且能加快实现我国企业内部的优化升级、促进我国由资源粗放型和环境污染型向资源集约型和环境友好型转变，增强我国在国际战略中的主动性，促进国际交流与合作。

(二) 签署国际公约，加强国际合作

中国的发展离不开世界，中国在生态治理方面也不能将自己孤立起来，必须积极投身于国际生态治理工作。自 20 世纪 60 年代以来，全球自然灾害的发生变得比较频繁，灾害的强度也增加了。半个世纪前，每年发生的自然灾害在 110 次左右，现在则达到了每年 521 次以上。自然灾害的发生频率提高，灾害程度加重，暗示着一个重大的警讯：自然的生态系统在人类的无休止索取中正在遭受破坏。生态问题和生态危机凸显，生态与社会经济发展、社会稳定以及全球生态政治关系日趋密切，一体化特征日趋明显。在对外开放后，我国陆续

签署了一系列国际公约，与各国共同为全世界的生态治理尽一份力，签署的国际公约主要有《保护臭氧层维也纳公约》《生物多样性公约》等。我国在履行国际生态保护公约的同时，也在进一步地发展邓小平对外开放的思想。

江泽民曾说："我们扩大开放、引进外资，需要抓好环境保护工作，改善投资环境，同时也要注意防止国外有些人把污染严重的项目甚至'洋垃圾'往我国转移。"这就提醒我们在坚定不移地走对外开放的道路时，要分清哪些是对我国有益的，哪些是有害的，面对有害的，我们要坚决抵制，绝不能因为一时的利益而严重破坏我国的生态。我国环境保护工作取得了积极成效，但在生态的治理中还存在很多问题，形势依然很严峻，我们应当不断地推进对外开放，共同应对全球的生态问题。

第六章　新时代乡村治理的模式选择

党的十九大报告指出，要“健全自治、法治、德治相结合的乡村治理体系”。基于这一论断，乡村治理领域的相关学者进行了广泛调研与学术探索，并依据自身的治学背景与调查基础给出相应的研究结论，有学者倾向于制度的刚性，强调“法治是核心”；有学者倾向于自律的力量，认为“德治是基础”；也有学者认为两者不可偏废，坚持“德法并重”；更有学者极端看重德治的价值，强调“重德轻法”等等。这些建议对于丰富乡村治理理论，健全自治、法治、德治、生态治理相结合的乡村治理体系极具启迪。理论研究者往往会有这样的通约性假定：当原有空间领域内的人们逐步形成一个新的空间秩序时，维系其共生的社会基础与空间样态也会被颠覆[1]。在乡村振兴等国家顶层设计所规划的新的时空背景下，我们所需要探讨的是：自治、法治、德治与生态治理这四种治理手段或治理方式是同一个层面的内容吗？四者是否都可以走向乡村善治？或者说，不同程度的四者有机结合是否会形成“更适宜的善治”？我们希望在对这四种治理方式的有效探索中追寻新时代乡村治理走向善治的模式与方法。

第一节　新时代乡村治理模式设计的原则

改革开放四十多年以来，有关乡村治理的理论探讨与实证经验可谓林林总总，这些都为新时代背景下的乡村治理模式的设计思路提供了素材，为乡村

[1] 刘刚，李建华 . 空间秩序与城中村治理的实践逻辑 [J]. 齐鲁学刊，2018（3）：82-87.

治理模式的可能性、法理性寻找到可供验证的历史实证。可以说，继续保障经济效益、重视多样性、实现可持续发展应该成为近期乡村治理模式设计运行中的题中之义。

一、新时代乡村治理模式设计遵循效率的原则

改革开放的四十多年是经济发展、社会文化发展的四十多年，乡村基层公共服务与乡村治理环境在这四十多年间取得了巨大的成就。但是由于城乡二元经济社会体制的影响与制约，乡村与城市在治理现代化的程度上差距明显。传统的农村社会空间在新型城镇化的推动下产生质的变化，原有的封闭性空间被打开，其社会物质空间被强制分化[①]。从现有乡村现实来看，对于乡村农业、农村、农民的基础资源配套供给依然是未来乡村治理完善的现实基础。巨大的社会变迁必然给乡村农民心理带来巨大的压力，但与此同时也给乡村的发展带来巨大的活力。由此，在新时代乡村治理背景下不可避免地出现许多新情况和新问题。

（1）乡村治理环境出现前所未有的变化。随着乡村振兴战略的提出，乡村与城市的边界日渐模糊，乡村流动人口增多，乡村人口的城镇化成为一种趋势，而与此同时，美丽乡村的建设也顺势开展。乡村、城市在社会政策上的差距在缩小，呈现出农民变居民、乡村变社区的趋势。治理环境的变迁还体现在现有乡村的产业结构、人口结构与社会结构都发生了深刻的变化，传统意义上的乡村治理需要用新的治理理念与模式进行更新。

（2）农民自身的民主意识和权力观念发生巨大改变。乡村社会经济的飞速发展也带来了农民意识的相对提升。农民的民主、法治意识在市场经济体制的氛围下得以凸显，民主法治的进步促使农民开始认识到自身的民主权利和经济利益，他们开始通过各种方式希望参与到治理决策的相关环节中来，于是乡村

① 刘刚．新型城镇化进程中的城中村治理研究 [J]. 岳阳职业技术学院学报，2017（5）：100-103.

利益主体的多元化、利益矛盾化和利益诉求的多样化日益凸显，这也间接加深了治理的复杂性。

（3）城乡流动人口的公共服务与基础设施配套有了新的要求。由于受传统二元户籍制度的影响，乡村流动人口在就业、教育、医疗等方面尚不能享受与城镇居民同样的基本服务。由于国家政策层面上对乡村治理的重视，那些在城市就业的打工农民开始出现回流的趋势，乡村要做好相关公共服务与基础设施配套，以实现乡村剩余劳动力的有效就业。

（4）乡村社会的家庭结构发生新变化。社会的转型以及城镇化的推进，使得乡村、城镇的流动性、交互性增加。乡村开始出现家庭成员与主要劳动力长期分离的局面，传统乡土社会以家庭为维系社会公共秩序的主要纽带的情形不复存在。

（5）城乡资源之间面临交换关系的新变化。在新型城镇化与乡村振兴的政策指引下，如何提升城市化水平与如何振兴农业与乡村成为两个重要的议题。市场经济的辐射使得土地、资金、劳动力等生产要素不断地由乡村向城市和工业流动。从某种程度而言，乡村农业的市场化程度远远不及城市，二者之间在资源配置与流动上存在着不平衡加剧的趋势，无论是反哺还是约束，都有利弊。

（6）乡村社会出现管理主体缺位问题。近些年来很多地方实施包括乡镇撤并、行政村划分以及村居整改等的调整，乡村社会的管理主体产生了不少变化。部分地方的党支部、集体经济组织以及村委会等长期无为，造成社会管理陷入了无序的状态。

基于以上新时代乡村治理的新背景、新问题、新情况，我们在构建乡村治理模式时要遵循效率的原则，就是要以乡村农业生产和乡村的经济效益为中心，在乡村治理时应注意以下七点：

（1）坚持以农业为发展核心产业，夯实乡村治理的物质基础。农业作为国家的三大产业之一，历来受到人们的重视，同时也是乡村发展、农民生存、社会和谐的根本。乡村治理现代化需要现代科学技术的介入，我们要以互联网信息技术等新型科学技术条件为基础促进乡村第二、第三产业的发展，这就能够为促进农民增收、繁荣乡村的经济、解决农民的就业问题以及实现乡村治理提供坚实的物质基础。

(2) 继续推进乡村的产权制度改革。乡村经济体制改革是乡村治理效率提升的重要路径。乡村治理稳定的基础和前提是稳定乡村财产关系。一是要加快乡村土地制度的改革。在农民农业生产环节注重家庭联产承包的制度优化，这就需要加快做好农民承包地的相关登记、确权和颁证的工作，严格明确承包、发包和流转主体之间的权益关系。二是要不断加强土地产权的管理和保护。要减少土地资源浪费，促进土地资源的合理流动，奉行“一户一宅”的政策规定，正确处理好集体与社员、集体与邻里相互间的产权关系。

(3) 完善城乡之间平等的资源要素交换制度。乡村治理需要解决好城乡资源要素的分配问题，我们要彻底地改变传统的乡村土地、资本和劳动力等生产要素之间的发展模式，实现城市资金、人才、技术等现代化的生产要素向乡村的合理流动，不断实现城乡要素的对等转换，从制度层面加强城市与乡村资源要素的合理互动。另外，我们要优化乡村公共管理职能与乡村公共服务机构的布局，避免过快地撤销乡镇以及行政村，如果在调整结构时导致资源要素的供给不及时，可能会对农民的生产生活带来不利影响。同时，政府还需要将职能向乡村进行延伸扩展，以此来加大在乡村进行公共服务和资源配置的力度。

(4) 积极培育新型乡村经营主体。乡村治理需要人的参与和主导，这就从根本上要求乡村治理主体的水平符合新时代经济、社会、文化发展的需求。为此，我们要对这些乡村治理主体进行相关培训与教育，不断培养一批批有文化、懂技术、会经营的新型职业化农民。同时，在现实可行的情况下我们还要鼓励这些新型乡村经营主体不断地提供生产服务和社会管理服务，以此来实现乡村治理成本的降低和乡村治理效率的提高。

(5) 完善乡村基层党组织和村民自治制度。加强党对基层组织的指导，一是要加强党组织的覆盖面，二是要加强乡村基层党组织的领导。在一些典型乡镇，村支部书记与村主任实现了一肩挑，这极大地加强了党在乡村治理的核心指导作用，也避免了多头领导所导致的职责不明确。在加强乡村村民自治的进程中，我们要进一步明确村务公开、政务公开和党务公开，不断对乡村治理的组织结构与自治制度进行调整与优化。

(6) 提升城乡流动人口社会服务水平。对于流动人口的管理是乡村治理的重要内容，这往往需要国家在政策层面上放宽大中城市落户条件，改革城乡二元户籍政策。对于那些从农村来留在城市的务工农民，我们要使他们能够转得出、留得住、能就业、有社保。

除了要做到以上所叙述的针对性策略，与此同时，我们要继续完善城乡一体化的公共服务体制，在公共物品的提供层面上保持乡村、城市的相对公平，这是国家实施公共服务“最后一公里”政策的现实需求，这也是让广大农民能够享受到均等化的公共服务的关键。城乡一体化的实现需要乡村得到均衡发展，或者说是要让更多的公共资源进入乡村，以突破乡村发展的资源瓶颈，特别是要以公共服务体制改革创新为基础，实现乡村振兴。自从国家取消农业税后，乡村公共服务的很多内涵和外延都在发生着深刻的变化。因此，在经济条件相对发达的乡镇，除了要均衡公共服务的基础性配置以外，还需要扩大乡村公共服务的范围和提高公共服务的质量。其中包括乡村的公共基础设施建设和社会保障、义务教育、基础医疗、就业咨询与培训以及其他公共服务，当然还包括其他权益类的公共服务，比如法律援助和财产保护。在乡村治理的发展进程中，为了有效地避免城市、乡村的两极分化，就必须通过为广大农民提供基本有保障的公共物品来不断探索在市场经济条件下实现城乡协调发展的新路子。从乡村公共治理的效率分析，我们应该更多地把资源配置到乡村农民生产生活水平提升、乡村公共基础设施配套服务的建设上来。

对于乡村的均衡发展而言，涉及民生类公共产品的供给仍然是乡村公共投入的重点。按照亚行最近估计，我国每年只需拿出 1 000 亿元，就能为 1.2 亿乡村学生支付 9 年的学费；保证中国 2 500 万最贫困人口的最低生活水平。

公共财政首先满足农民最迫切的公共需求。从乡村治理的现实条件来看，即使我国中央财政向乡村大幅度倾斜，也无法支撑庞大的乡村公共服务体系，所以，为乡村提供公共服务有个优先次序的问题。这就需要转变观念，构建多元化的公共服务供给体系，不断创造公共物品提供的新方式。当然，公共服务的主体不仅仅是政府。从别国经验来看，从对不同国家比较过程中我们发现，各级政府主导乡村公共服务的供给，但是还必须充分地发挥乡村传统自治组织、乡村经济组织的积极作用。我们要充分发挥第三部门等非营利性组织的作用，为他们提供渠道与空间使其为乡村公共服务作出贡献。从某种程度上来说，假如乡村的经济合作组织比较强大，就在很大程度上能够实现民间组织和政府两者之间的良性互动。因此，乡村自治组织的强大不仅仅体现在公共治理的民主政治上，更体现在乡村治理的经济建设之中。

同时，我们还要不断完善公共服务供给的监督机制。这意味着公共服务效率的进一步提升与公共服务供给的透明化、制度化的实现。当然，我们还有必要增强乡村农民自身的监督意识，并提供相应的监督方式与渠道。同时还有必要建立相应的公共服务供给的审计机制。就我国现实而言，当前我国的审计理念正在从真实型向效益型转变，我们需要把这种效率的意识与理念引入乡村公共服务领域。在乡村治理模式创新过程中，要想进一步提升效率，就必须总结吸取国际经验与教训，做到尽量少走弯路。例如美国第三部门组织治理、韩国的新村运动等对于我国新时代乡村治理、城乡一体化发展具有重要的借鉴意义。他们在建设乡村中主要是透过多元互动参与的方式而得以实现，通过政府引导与村民自治相结合的方式，强化了内部与外部两个变革代理人与两级治理体系，这也为乡村的发展建立了激励约束机制，最终有效实现了稳定与效率的有机结合。所以，在我国乡村治理的不平衡、不充分的现实困境中，我们必须在借鉴国外先进模式的基础上，“一村一策”地提出对应的乡村治理策略，从根本上提升乡村治理效率。

二、新时代乡村治理模式设计遵循多样性原则

乡村治理模式存在一定意义的普适性，譬如对公平、民主、自由的追求是乡村治理中我们始终应该重视的，但从广泛意义上来看，乡村治理模式设计更多地具有多样性的特质。不同的乡村拥有着不同的历史传统，这些历史传统孕育着其特有的治理文化，塑造着独具特色的治理环境。因此，就需要在此基础上强化分析新时代乡村治理模式设计的多样性以实现乡村治理的有效性。总的来说，基层乡村不同的地形地貌、村庄规模、经济发展水平会对治理模式产生不同的要求。

从地缘结构来分析，我国有着复杂的地理特征。按照地形地貌分类，基层乡村的村庄聚落可分为平原村、滨湖村、沿海村、三角洲村、草原村、山区村等。一般来说，在平原、滨湖、沿海、三角洲等地方的乡村聚落，土地肥沃，耕地较多，出产丰富，交通便利，人口较密集，经济发展较快，社会比较开放，社会流动较频繁，文化较为先进，但村民人文关系不如散村突出，血缘关系有所淡化；思想较活跃，现代观念较强，居民容易接受新事物，民主意识较浓厚，村民自治基础比较扎实，自治活动容易开展起来。比如长江三角洲地区经济就相当发达，这里的村庄也较为富裕。草原上多是牧区，原来的牧民多是追水逐草而居的游牧生活方式，常常是季节性聚落和游牧的帐幕聚落兼而有之；但随着畜牧业的发展和科学化、现代化，多半牧民开始种植牧草，围圈草场，定居下来，形成草原村落。在农区和地区，村落通常是固定的。山区或半山区村庄则较闭塞落后，人口聚居程度更低，有的山区资源丰富但开发不够，有的穷山恶水，资源贫乏，多半经济结构单一，人们处于贫困状态。可以说，不同的地理条件造就了不同地缘结构以及以此为特征的乡村，譬如在长三角地区就有江南水乡，滨海地区就有海岛渔村，山区则出现了村寨，这些不同的地缘特征对乡村治理模式设计产生了重大的影响。

当然，我们还可以按照其他方式将乡村进行归类，比方说按照乡村聚落

的人口以及生活状况进行划分，可以依次分为大村落、中村落以及小村落。大村落的人口规模相对较大，通常是乡镇政府的办公所在地或者说是村委会的办公用地，这种规模的大村一般分布在资源丰富、地域广阔、人口众多的聚居区，并且拥有大量的种植用地，多是耕地密集、地少人多的平原地区，根据调查，华北较多，东北、长江中下游、东南沿海河口冲积平原等地较为典型。中村落是乡村最常见的一种聚落形式，全国各地均有所见，通常是在地少人聚集的种植区域。而小村落多是耕地零散分布所造成的地缘特征，住宅布局相对分散。显然，我们要充分理解村庄规模对治理模式的影响，显然不能只单纯看到地缘因素，而需要考虑更多的因素，如作物类型、气候、土壤、交通、水利等自然因素以及治安、村庄成长阶段、家族等社会文化因素。

通过以上分析，我们得知，乡村自身所存在的差异性与多元化给乡村治理模式带来了不同的影响，而这些影响会逐渐渗透到乡村治理的具体实践中去，在新时代的乡村治理背景下我们要改善乡村治理模式，提升乡村治理效能，促进治理至善的实现，应该基于多样化的乡村需求，主要做好以下五个方面的工作。

（1）促进职能转型，优化政府政策。乡村治理的现代转型需要从顶层设计入手强化政府的职能转型。在以往的政府行政职能中往往倾向于“管得越多越好”，政府的制度设计中过度地强化了政府的治理角色作用，同时对于职能部门之间的政策沟通与政策输入处于一种“条块分割”的困境，乡村治理的政策执行中由于部门间的职责关系缺乏明确的界定，政策的效率有待提升。所以出于优化乡村治理策略的考虑，国家应该从中央政府的层面上继续探索实行职能有机统一的大部门体制，进一步促进各政府部门之间的职能整合，并且对各部门原有的政策进行全面清理，保证部门政策相一致，新旧政策能够可持续地延续下来，以增强政策的力量惯性，这同时也能够增强乡村治理公权力的稳定性与权威性。

（2）强化多元参与，拓宽参与渠道。多元治理是新时代乡村治理的核心要义。乡村治理从制度设计上来看需要建构一种有利于多方利益者参与的博弈体系，这里面要有政府的参与，要有农民的参与，更要有第三部门等非政府组织的介入。一旦在乡村治理中政府主体的决策不再是唯一的主导力量，那么这些多元利益主体的权利表达就容易打破政府对规则和政策制定的主导权，实际上这就需要多元利益主体在利益博弈和积极互动中寻求政策共识。同时，我们还需要在多元利益主体建构中明确参与主体的职责、权力。显然，在乡村治理的实践中我们必须有效避免“沉默的螺旋效应”，要让所有的利益参与者能够有效地表达自己的需求与利益主张。在制度化的框架内进行利益博弈、寻求共识，让乡村治理的公共决策中存在“更多利益表达的声音”。

(3) 强调治理创新，突破传统规制。新时代的乡村治理面临着新的环境，这种治理环境意味着环境主体、客体、背景的转换，就我国乡村而言，政治、社会、经济、文化等全方位的深刻转型从本质上影响着治理的政策输出。原有乡村治理的制度与规制由于落后于乡村经济社会的快速发展而出现滞后性，所以在乡村社会治理过程中，我们既要“摸着石头过河”，又要受到传统乡村背景所设置的旧有规则的制约。这种陈旧规则与现实的矛盾在一定意义上会形成制度权威不遵从的状况，从而影响制度权威性的确立。正是这种内在制度性的规制与外在环境的不一致使得乡村治理容易出现某种混乱，因此，乡村治理中的地方政府组织需要加快制定各种制度规范，以此来规范乡村社会农民的主体行为。

(4) 发挥群众力量，注重社会监督。在乡村治理中政府行为是社会的表率，而政府行为的规范化必须建立在其职能明确的基础之上，这也与整个乡村社会的治理环境与个体政府办公人员自身素质息息相关。而乡村治理要加强对政府的监督，需要社会力量的全面介入，一方面，政府要主动接受社会监督，争取社会认可；另一方面，以农民等为监督主体的社会力量要联合起来，提升自己的政策认知，同时重视自己的监督权利及义务。

(5) 强化治理保障，消除路径依赖。一方面，治理环境的优化使得多元化成为一种治理趋势，而利益多元化使社会竞争愈演愈烈，这自然是乡村社会进步的表现，但与此同时，也出现“搭便车”等投机行为。这对乡村治理的公共秩序稳定带来一定的压力与冲击。另一方面，由于乡村农民受传统治理规制的影响较深，制度变迁过程中会存在一定的“路径依赖”。乡村农民与乡镇治理主体对旧有的制度规则习以为常，出于对未知的潜在紧张，他们很容易对治理新情况、新问题选择性忽略。由于对国家层面颁布的乡村治理政策缺乏深入的研究与政策执行本身所存在的边际效用，在乡村治理过程中或多或少会出现非规范性行为。因此，我们要提升乡村治理中有关公共服务水平，强化乡村社会养老、医疗、教育等方面的社会保障，为乡村治理的社会保障制度的顺利建立与完善创造有利的社会环境。

三、新时代乡村治理模式设计遵循法制的原则

法制作为程序正义的重要体现，对于当下中国乡村治理的实践来说，仍然应该画出一道不可逾越的红线，乡村治理主体与治理行为乃至整个治理体系的运转必须在此红线框定的范围内才可视作有效，只是关于红线的具体产生方式与效能还有很大的可探讨的空间。在长久的乡村社会实践中，乡规民约在乡村治理实际运行中发挥着维持乡土社会公共秩序的功能，但随着时间的推移，有些乡规民约明显落后于时代而不适用，但我们发现有些乡镇基层行政人员轻易地支持已经不符合法律规定的村规民约，这就在无形中损害了乡村农民的根本利益和依法行政的原则，造成了村民利益上的不公平。从以上分析我们得知，法制作为国家治理现代化的重要原则与手段，在乡村治理模式的设计运行过程中必须融入法制建设，将乡村法制建设视为中国法制现代化的重点领域，从而使乡村法制化在突破以往人情、礼节等为主导的乡村人际交往规则中不断前进。新时代意味着新的背景与新的理念，乡村环境在传统与现代的更迭中越加复杂，我们认为实现乡村治理的法治原则主要有以下几点。

（一）强化制度设计，推进乡村治理法制化

乡村治理法制化意味着制度设计需要更多地从基层组织的角度加以考量，

对于乡村治理而言，乡镇基层政府组织与农民以及村民自治组织之间是互相支持、帮助和协助的关系，在关于国家与社会的关系界定上，相关政策文件是有明确规定的。例如，《中华人民共和国村民委员会组织法》第二条明确规定:“村民委员会是村民自我管理、自我教育、自我服务的基层群众性自治组织，实行民主选举、民主决策、民主管理、民主监督。”而其中第四条明确规定：“乡、民族乡、镇的人民政府对村民委员会的工作给予指导、支持和帮助，但是不得干预依法属于村民自治范围内的相关事项。村民委员会有义务协助乡、民族乡、镇的人民政府开展工作。”这些规定从制度层面明确规定了法律对于乡村农民自治范围内的相关权益。然而，在乡村治理实践运行中我们发现，由于法律所规定的乡镇政府对于村民委员会的指导、支持、帮助等相关内容与形式、方法，具体指导与协助的方式与内容尚不明确，这就使得乡镇政府在此过程中容易造成角色越位，很容易把村民自治组织看成自己的下设机构，在实际运行中往往会以命令、考核等行政方式取代指导与协助。基于此，在乡村公共治理过程中，乡镇政府容易忽视村民自治组织的生产经营权、财权以及决策权，甚至用行政命令干预村民委员会的公共事务，逐渐地使村民委员会沦为乡镇政府的附庸。美国政治学家威廉姆·A. 尼斯坎南在《官僚制与公共经济学》中所写的政府机构的行为驱动力实际上主要是个人利益，官僚机构倾向于自我扩张和实现自身利益和部门利益的最大化，并不总是代表公共利益。所以，乡镇政府作为公共权力部门，本着自利性的考量以及对于村民自治组织的行政化控制就必然会和村民自治组织所强调的“自我管理、自我教育、自我服务”的价值取向相悖，也和统筹城乡发展要尊重农民的意愿和农民的主体地位发生冲突。而这些弊端都需要用制度设计优化的方式去避免。

当然，在乡村社会治理中，乡镇政府和村民自治组织之间的职权无法通过制度的条文达成共识性认知。因为，制度设计者很难用有限的制度条文去约束无穷无尽的事实，因此在具体的公共治理环节某项具体事项是否归类于村民自治的事项必然会引起争议。我们所要再次研究的是怎样将这些有争议的事项纳入制度化的轨道，也就是说承担起仲裁者的任务，其中包括党组织、司法机关、上级政府或者是其他。在这样的一种背景下我们认为要处理这种混沌困境状态下的治理事宜，比较适宜的方法是通过加强基层人大建设，通过基层人大对于乡村区域内相关职责的认定来明晰村委会与乡镇政府的职责划分，当然这一划分也要因地因时制宜。而对于基层人大而言最为重要的是在乡镇政府和村民自治组织之间主动有效地承担起决策、决定和裁决的权力，这显然是符合中国特色乡村治理的现实需求的。《地方各级人民代表大会和地方各级人民政府组织法》规定乡镇人大主要行使13项职权，其中涵盖了一个地区的政治、经济、文化和社会发展等各个领域，也在一定程度上规定了一个地区在某个阶段的发展战略和工作目标。特别是前面五条，更反映了乡镇人大对于重大事项的决定权。恩格斯曾指出："可以设想，在人民代议机关把一切权力集中在自己手里、只要取得大多数人民的支持就能够按照宪法随意办事的国家里……"可以说，强化基层人大权力，特别是让乡镇人大能够承担起保证国家权力在区域范围内有效运行的权力，更有利于保证乡镇政府依法行使行政权和承担各项行政管理职责，有利于村民自治的合理有序运行。这是乡村法制化推进的重要步骤。

那么，这样一种制度设计的优化我们将何以实现呢？我们认为优化基层人大的职权主要从以下几个方面着手。首先是要优化乡村权力的产生机制环节。乡镇政府的权力产生机制对乡村治理的运行实效影响深远，在一定程度上使得村民自治组织的权力受到不同程度的影响。在此种情况下我们应该及时转变乡镇权力的来源结构，以自下而上的选举代替自上而下的赋予是解决的最佳途径。在实践中就是对于乡镇党委书记和乡镇长的产生方式进行改变。假设乡镇党委书记是由选举产生的人大主席兼任，当然必须保证人大主席是由执政党在选举内混合采用相对多数制和比例代表制选举产生，这样就保证了乡镇人大代表中执政党的半数席位，然后由乡镇人大代表选举产生人大主席，这样做就可以保证尊重选民的意愿且保证执政党的地位。执政党通过乡镇人大决定区域内的重大政策方针，同时监督乡镇政府。实行乡政府之选，实施选举的两票制原则，其中选民同时选举人大代表和镇长。另外还应该赋予对乡镇长进行罢免的动议权，其中最应该赋予乡镇人大主席团以及区域内规定比例以上的选民进行联名。其次是要完善乡镇人大的权力行使机制。我们知道对于治理机制的改革与相关制度的优化往往涉及体制架构的深层次变革问题，涉及面广而且复杂，所以不能是单方面推进而应该是整体全面地进行推进。为了不让改革陷入从起点又回到起点的循环怪圈，就需要指定相应的综合配套设施。比如深圳在2003年实施的行政管理体制改革中，因为受到机构精简的压力、相关部门的利益处理、上下级部门的衔接以及相关法律法规等许多因素的牵制，结果改革最后失败。所以，要建立以乡镇人大为主导的乡镇政府和村民自治组织权力分配关系的新模式，就必须加快相关配套设施的改革。当前，我国乡镇政府的权力运作机制依然是自上而下缺乏制衡的逐级管理模式，另外，由于乡镇政府在很多方面，比如财政税收、救灾救济款的分配、转移支付、医疗救助和乡村医保等方面占据支配的地位，因此我们应该在乡村治理运行机制中探索如何让乡镇的权力重心开始向人大集中，当然其中最为重要的就是加强乡镇的人大建设，从而承担起其权力机关的相关责任。我们可以考虑一是缩短乡镇人大召开会议的会期，增加召开会次。就普遍层面而言，乡镇人大决定的都是区域内的重大事项，如果没有充足的时间保证就无法有效地行使职权。所以，在对乡镇权力机构做出变革之后，乡镇人大至少每年要召开6次代表大会，会期不少于3天，只有保证足够的时间才能做出更优的决策，并且可以实现对区域内社会经济事务的正常的决策和监督。二是要不断完善党的活动方式，尤其是在人大内部，并且在法律中不断赋予政党提出议案的权力。特别是要充分发挥党委和人大的相互作用，尤其是在党委针对重大事项提出议案之后，必须由乡镇人大在充分讨论后，由代表大会通过表决的方式来决定通过与否。此外，继续加强财政预算和预算修正案审议之类的工作。由于乡镇的权力是在民选的基础上产生的，所以预算审查和审计职能等机构也需要由乡镇政府承担，乡镇人大领导并且控制财权，同时还要监督行政权力的行使。

（二）强调程序正义，推进乡村治理法治化

在乡村治理的程序层面我们要进行相应的人文关注。在此过程中，有些学者对于直接选举乡镇长表现出不少忧虑，认为这么做会导致“基层断层现象”，特别是直选的乡镇长和委员会之间会出现纵向的断层现象。因为它们存在各自的利益和价值取向，毕竟是由民选产生的，所以就需要对权责进行明确的区分，形成良好的冲突、利益等相关解决机制，否则就会出现互相扯皮推诿的现象，不能达成共识，最后导致机构瘫痪。

在现有的乡村治理程序中，村民委员会更多的是在协助乡镇政府开展工作，基层政治环境中的行政行为主要由村民自治组织履行。村民委员会所展现的职能表现为无偿性、单向性甚至是强制性等特点，并不具备自我管理的职能。当然，目前我国乡镇政府的人员承担了大量的工作任务，在各方面非常缺乏和简陋的情况之下依然借助村民自治组织完成上级下达的各项任务，维持着乡村的各项发展，尤其是在计划生育、民政、征兵以及治安保卫等方面发挥着非常重要的作用。离开了乡镇政府工作人员，离开了村民自治组织的配合，任何事情都难以实现。

西方的政府管理就比较注重程序正义。美国开国总统华盛顿在《告别演说》中曾经指出：“行使政治权时，必须把权力分开并分配给各个不同的受托人以便互相制约，并指定受托人为公众福利的保护人以防他人侵犯。”所以，正确理解村民自治有其强烈的现实意义，相关的行政社会事务和村民自治息息相关，不可分割。这就需要进一步明确乡镇政府与村民自治组织的相关职责和权力，严格遵循权责对等的原则，这也为建立争议解决机制提供了条件，尤其是在乡镇的权力中心不断地转移至人大后，乡镇政府和村委之间的界限显得更加清晰。基于此，建立一套科学合理、相互制衡的成熟职权划分体系对于乡镇政府和村民自治组织就显得非常必要。第一，由中央、省市县承担的行政职能不能随意交给乡镇政府处理，因为其权力架构并没有发生根本性的改革，这也在一定程度上避免了事权、财权的上下分离的恶性循环。第二，国家对于乡村的

职能进行了科学合理的划分，只要是政府的相关职权就会有明确的法律法规依据。基层政府在原则上行使属于基层政府职权的行为，除此之外的由村民自治组织和社会进行处理。《中华人民共和国村民委员会组织法》对于必须由村民自治组织协助的事务进行了较为明确的规定，另外也规定了如果不履行相关义务所需承担的法律责任。当然基层政府在村民委员会开展相关事务过程中承担指导和支持的责任，比如在村民委员会兴办建桥修路等公益事业或者公共事务过程中，村民委员会是村民进行自我管理、自我教育、自我服务的机构。另外应该对村民委员会协助办理的事务拨发相应的经费。

在乡村组织权力实际运行中，乡镇人大应该对乡镇政府和村民自治组织之间出现的争议进行决议。在《地方各级人民代表大会和地方各级人民政府组织法》中增设“特别动议权”概念，这一规定也出现在第九条对于乡镇人大的职权规定中，特别是针对上级国家机关和乡镇政府以及村民自治组织之间产生的事务纠纷。其中乡镇长、村委会主任是提动议人。乡镇人大对这些动议进行表决，并且在一定区域内具有约束效力。在这里需要强调的是乡镇人大对于法律法规有明确规定的，不能提出动议，不能表决，由司法机关对此进行裁决，而提出动议纠纷的是法律法规没有规定的。其中主要是一个区域内经济社会问题中所产生的重大纠纷争议的事项，这是动议权所特别要进行表决的。所以应该由行政首长提出，遵循严格的限定程序，经集体研究讨论进行决议之后才可以正式提出。村民代表大会认可村民自治组织所提出的相关动议。当然提出特别动议权的不限于人大代表，也可以通过议案的方式提出一般性的争议事项。

当然，程序正义同时也体现在村民自治的具体环节之中。在这里我们需要详细界定好村党支部与村委会之间的关系。《中国共产党农村基层组织工作条例》第二条规定：“乡镇党的委员会（以下简称乡镇党委）和村党组织（村指行政村）是党在农村的基层组织，是党在农村全部工作和战斗力的基础，全面领导乡镇、村的各类组织和各项工作。必须坚持党的农村基层组织领导地位不动摇。”《中国共产党章程》第三十三条规定：“街道、乡、镇党的基层委员会和村、社区党组织，统一领导本地区基层各类组织和各项工作，加强基层社会治理，支持和保证行政组织、经济组织和群众性自治组织充分行使职权。”所以说乡村领导的核心非常明确，村党支部都是由村民委员会组织法和党的章程条例所规定的。村民委员会作为民选的基层群众性组织，使得村党支部在乡村事务中行使权力的过程中必须重视村委会的地位和作用，所以说当前的乡村治理结构其实是一种二元的权力机构。有的地方为了理顺村党支部和村委会的关系，更好地扩大村党支部的民意基础，就创造出通过两票制来分别选出村党支部的相关成员。在一些地方也探索出村委会和村党支部选举的“两选联动机制”，这也更加体现了民意，并且在村委会和村党支部之间找到了平衡，更好地实现了村委会主任和村支部书记的平衡相处。不少学者认为理顺乡村权力架构中的矛盾，就是要坚持党政分开，要在双方之间区分出清晰的权力边界就需要尝试去清楚地区分出村党支部和村委会二者之间的功能，以此来实现规范化的村级权力运作。现实中，这些做法都是值得深思和考虑的。在法理上很难实现党政的一体化，村委会事项的自治原则是“自我管理、自我教育、自我服务”。当然，在新的时代背景下，有些党支部书记兼任村主任，这使得党领导乡村治理事务的方向性得以进一步确认。然而，在有些乡村，党政分开只是一种理想化的设想，都具有经常性、事务性和琐碎性的特点，所以，在乡村治理实际运行中，政策法律、思想认识和人情关系等各支部的各项职责权限，在事实上很难区分，可见关于村委会与党支部的关系确实需要在程序上得以进一步明晰。当然，在现实的关系区分中确实存在一定难度，这在罗素的《权力论》中得以证实，他认为“每一个组织，在没有遇到抵制力量的情况下，将在规模大小和权力密度两方面都有增长的倾向”。这种情况存在于党支部和村委会两个中心权力并存的条件之下。依据政治学的相关理论，组织倾向于的是自我扩张，任何两个组织都无可避免地发生冲突，因此彻底理顺村党支部和村委会关系的前提就是对党领导基层工作的方式进行再认识。党的十六届四中全会通过了《中共中央关于加强党的执政能力建设的决定》，旗帜鲜明地提出了党“必须坚持科学执政、民主执政、依法执政，不断完善党的领导方式和执政方式”这一重大命题。基于此，我们有必要在乡村治理中明确好党的核心引领作用与思想凝聚价值。

（三）建构公民社会，促进乡村农民协会的建立

公民社会的兴起通常标志着一个社会的成熟度，非政府组织的飞速发展是经济社会繁荣的体现。根据研究，1900 年中国台湾省就建立了农会组织，100 多年以后，农会组织已经发展成非营利性的社团法人组织，具有经济性、教育性、政策性和社会性等功能。在发展农业生产、改进乡村生活方式、发展农业生产、促进政党融入基层社会等方面发挥重要的功能。农会的提法早就出现了，而且最近也有要重振农会的趋势，尤其是在学术界，重建农会的呼声是比较高的。据中共中央原农村政策研究室主任杜润生回忆：“我曾经在 80 年代中期的时候，给邓小平同志建议过恢复农会。邓小平同志认为，成立一个农民协会的意见可以考虑。这样吧，我们看三年，真的需要即可筹办。”城乡统筹与广大农民的自身利益密切相关，其中涉及基础设施、土地资源、教育、医疗、劳动就业、养老等方方面面的事务。所以在政策的修订、制定和完善的过程中就必须重视制度性的沟通交流平台，积极地倡导鼓励农民参与，只有这样，才能在城乡统筹过程中实现经济增长、群众获益和社会安定的目标。

在新的时代背景下，有相关研究者认为重建农会有着实施的可实现性，具备现实性和可操作性。对此，学者们提出了相关的论证，尤其是针对重建农会的必要性：第一，重建农会能够有效地控制政府管理成本，促进乡村稳定和社会和谐，也可以增强农民参与政治的热情，丰富农民参与政治的途径，还可以增加农民的收入，实现乡村经济的增长。第二，借鉴韩国等国家的农会成功经验，加上农民维权意识的逐渐提升，倘若法律对于成立农会没有特别限制条件的话，成立农会也会成为一种可能。第三，农会有其存在的必要性。如果在乡村治理中出现了经济性、政策性、社会性甚至是教育性的农会，并且综合发挥相关职能，那么村委会所承担的职能就会大为减少，而农会在乡村事务中发

挥着更加重要的作用。党支部不可避免地间接影响着农会的相关职能，因此处理好农会和村委会的关系非常重要。因为首先，农会能够帮助村委会协调农民和农业的各项利益；其次，村委会更加强调农民的利益，更加维护农民的权益，而且农会会在农民的经济利益上发挥更大的相关作用。而且农会可以组织分散经营的农户，优化和重组相关生产要素，从而实现农业生产经营的规模化和专业化。再次，农会成立过程中会有许多优秀分子加入，特别是党组织中的优秀分子，他们可以充分发挥自己的发言权和影响力来使党对乡村的政策主张得到贯彻。当然需要指出的是，农会不可以干涉村民自治范围内的相关事务。“治理是各种公共的或私人的个人和机构管理其共同事务的诸多方式的总和。它是使相互冲突的或不同的利益得以调和并且采取联合行动的持续的过程。”联合国全球治理委员会给治理下过相关定义，从中可以看出，执政党、村民自治组织和基层政府共同依法管理和处理乡村的各种事务，乡村治理也就是多元主体进行的多重管理。实现乡村目标就要进行权力的合理划分，从而实现依法治理的目标。而且要系统性地增强乡村基层组织的地位，充分发挥其相关作用。因此，面对城乡统筹的大趋势，就要特别注重提高权力行使的科学性，增加权力的合法性来源。重点考虑农民的主体性，增加农民的话语权，避免仅仅从经济路径上进行城乡一体化。这样就会规范农会组织，解放乡村的生产力，从而形成城乡一体的公平正义共同富裕的公民社会。

四、新时代乡村治理模式设计遵循发展的原则

新的时代背景对乡村发展提出新的时代要求。同样，乡村治理不可能一蹴而就，乡村治理模式的设计应该以乡村的可持续发展为最终目标，将可持续发展的观念贯穿整个治理模式与整个治理体系的方方面面。可持续发展有两个明显特征：一是指发展的“可持续性”；二是指发展的“协调性”。这主要是指经济和社会发展，必须充分考虑资源环境承载能力，追求社会、经济与资源、环境的协调发展。所以要实现农业可持续发展，就应该既不损害后代利益又可

以保证当代人对农产品的需求，进而维持资源的供需平衡良性循环。乡村可持续发展的核心重点是农业发展的科学化，过程是生态化，方式是产业化，结果是效益最大化。业已推行的新型农业或乡村的“四化”，即集约化、专业化、组织化、社会化，这“四化”若能得到普遍实施，并协同进展，中国乡村经济的可持续发展就能得到有效保障。目前，乡村的生态环境保护应得到足够的重视，并采取切实的措施，处理好经济发展和环境保护的关系。另外，乡村的各种社会保障体系也应随之建立，尤其要加强对弱势群体的有效保护，还要做好乡村的教育和文化工作，为其他事业的发展提供良好的舆论氛围和充足的智力保证。促进乡村可持续发展的治理模式既包括有效发挥政府职能，也包括有效发挥社会民间组织的作用。比如在印度的乡村治理中，除了政府管理，民间组织对于农业建设与解决村民现实的问题也非常重要。就我国而言，我们要让农民自己行使权利，政府只需要保证程序的公正。

在新时代的背景下乡村社会的主要矛盾发生了急剧变化，乡村治理研究的最大困扰是，问题比较清楚，但是有效的治理手段比较欠缺。有研究者提出要加强社会文化建设和精神文明建设。而更多的学者认为，给予乡村经济合作组织充分发展的权利和空间，有助于改善乡村治理状况。在建设新农村进程中，乡村经济合作组织理论上不会对村委会产生冲击，但从现实来看，真正根据农民的产业需求建立起来的合作经济组织很难存在，大量存在的民间组织有很强的政府背景，可能对村民自治产生负面影响。同时应该看到新的乡村经济组织开始充分体现农民的自主性，而不是具备像过去那样的强制性和命令性的特征，而且这种经济合作组织不会对乡村自治产生障碍。

对于新时代乡村治理而言，目前急需解决的涉及可持续发展的乡村治理模式构建的问题如下：

（1）对于乡镇政府的职能定位问题。当前在我国，各地的乡镇政府在改革模式上存在明显的区别，主要表现在四个方面，包括党政领导人的产生方式、乡镇改革的立足点、乡镇财政体制和乡镇改革的立足点。所以，就必须从实际出发来选择符合当地实际情况的改革模式。总的来说，必须明确地划分全国性和地方性公共服务的界限，合理划分各级政府的相关职责。依据现在的形势，就必须在机构改革的过程中不断调整和优化乡镇政府的职能，而不只是简单地强化和弱化。

(2) 针对乡镇机构的改革，湖北、安徽等多个地方的改革实践都比较成功。乡镇机构改革需要结合各地的实际情况具体问题具体分析。在乡村应该积极地调整和转变乡镇政府的职能，不能简单地撤销乡镇政府，按照乡村公共服务体制改革的要求来进行机构的调整。另外还应该大力发展小城镇，积极改变乡镇合并分离的格局。为了防止出现“循环改革”，就需要对乡镇机构调整进行统筹考虑。一方面精简合并多余的站所人员；另一方面创新机制，把上级部门的考核变为农民的民主考核。

(3) 针对乡镇改革进程中的人事改革，要充分地利用人力和社会资源客观公正的评价。对于乡村的发展来说，乡镇干部是巨大的财富。对在乡镇工作中表现优秀的干部，要通过激励机制来继续发挥其在乡村事务中的积极作用。

(4) 针对乡镇的财政体制改革，要遵循“一级事权、一级财政”的原则，充分赋予乡镇政府稳定的税源，例如某些流转税。关于乡镇债务，要根据不同情况分别处理：假如是由于执行上级公共服务职能而形成的，就主要由上级财政解决，而且还要慎重考虑大学生村官的补贴是否应该纳入财政范围。

第二节　新时代乡村治理的模式类型

对新时代乡村治理的模式进行科学、合理的选择是加强乡村基层治理的关键环节。这既有利于推进乡村社会公序良俗的形成，也是新时代背景下中国特色社会主义在乡村治理运行环节的具体影响和深度体现。乡村自治是社会民主化高度发展的充分体现，但囿于传统权威观念以及以此为背景的相关制度性因素的制约，这也从现实上造成了乡村自治在理论与实际上存在着较大距离。

然而，从政府职能的优化角度来看，乡村社会的许多问题仅靠政府的现有职能很难解决，或者说政府无法对乡村农民生产生活的诸多环节面面俱到，而依托乡村自治可以在居民生活的细节管理中找到比较好的解决方案。

从以往的乡村治理经验与目前乡村所面临的现实困境来看，新时代乡村治理需要依赖以下三种手段或资源。一是乡村特有的中华传统道德文化与风俗习惯；二是现代城市文明辐射下的理性思维与法治手段；三是新兴科技为基础的乡村生态治理技术。随着市场经济成为我国社会经济社会体制的基础，现代性因素的引入将计划经济的因素剥离开去，然而乡村所固有沿袭下来的社会风俗与传统习惯仍然或多或少地影响着人们的言行，而传统社会的传统文化资源是乡村德治的基础。与此同时，乡村社会治理的法治成效关系到法治建设的成果是否最终让人们受益，让社会走向公平、法治的轨道。就乡村社会而言，人们往往是基于血缘关系与利益原则归属于某个“乡村权力的文化网络”，而新型城镇化的深入推进与乡村振兴的提出对乡村治理的格局影响深远。现代工业与市场经济所引发的各类社会问题不能够用传统文化道德资源加以解决。同时，现代农业造就了农业增产增收、农民收益显著提高，但也在一定程度上带来了乡村生态环境的破坏，习近平同志就经常强调绿水青山就是金山银山。可见，乡村生态治理已经成为国家政策层面上极其看重的内容之一。就现有乡村治理而言，乡村治理的协同性有待进一步提升，乡村社会的治理仍以单一模式为主，在具体实践中或是在乡村内在文化传统道德资源的吸收上比较突出，实施乡村德治；或是以现代法理为基础，促进乡村法治；或是以村民自发性为治理基础，促进乡村自治；或是以现代生态理念与治理技术为基础，促进乡村生态治理。只有将乡村内部的传统道德文化资源、现代法治理念、村民自治意识觉醒、现代高科技生态治理理念与技术加以巧妙融合，才能达到乡村治理现代化的理想效果。因而，乡村治理需要全盘考量乡村自治、德治、法治、生态治理的有机结合，这既是对新时代乡村振兴战略的有效回应，也是发展与完善乡村治理理论的必然选择。

一、以德治为引领，充分发挥乡村传统文化的作用

（一）以传统权威为借鉴，培育新时代乡贤文化

现代文明对乡土社会影响甚大，但传统社会的架构并没有完全崩塌，乡土社会中错综复杂的人际交往方式，以血缘维系的家族和邻里关系依然广泛地存在于广大乡村社会之中[①]，换句话说，新时代背景下的乡村社会在时代的转换中仍然保有其乡土特性以及在此基础之上的乡土文化资源，而乡贤文化便是其中的典型代表。我们知道所谓乡贤通常是乡村中的精英人士或者说是本地能人，在千百年的历史中他们通常是乡村社会的“代言人”，具有良好的社会交往能力与影响力。可以说，由于这些乡贤的存在，乡村社会各个利益集团在博弈中保持均衡状态，乡贤在其中起着重要的调停作用。为此，在新时代的背景下，我们要继续发现乡贤在乡村社会的影响力和人际交往上的优势，建立新时代的乡贤文化，这对于乡村社会的稳定与治理现代化的实现影响重大。要继续发挥传统权威在维持公共秩序上的作用，重新唤起乡贤文化，我们可以从如下几个方面着手：第一，优化乡村社会的文化氛围。传统文化有着优秀的道德因子，特别是传统权威在乡土秩序的维护中发挥着不可估量的作用。我们要充分挖掘乡贤文化的优秀元素，使乡贤文化中的互助精神与职业理念在新时代乡村治理中发挥积极作用。第二，乡镇政府及村民自治组织应在相关政策背景下引导乡村能人组建乡贤组织。发动一切力量去鼓励乡贤能人支持乡村建设，并号召已经离开的乡贤能回乡支持家乡建设。

（二）以乡贤组织为基础，营造乡村协商氛围

乡村公共事务的有效处理，不是乡村、乡镇主体一己之力就能处理好的，这需要社会多元力量的有效参与。而与此同时，乡村社会治理存在着主体弱化的倾向，受传统权威依赖的影响，有不少农民可能对公共事务参与性不强，而村委会作为村民自治组织，自身工作人员数量、水平均有限，同时，还要完成

①用乡贤文化滋养主流价值观：访北京大学教授张颐武 [N]. 光明日报，2014-08-15.

来自上级政府下达的大量行政任务，再加之本身乡村公共事务琐碎，因此他们对乡村的公共服务往往有心无力。同时，干群关系的紧张也给他们的工作带来了层层阻碍。而乡贤组织作为村委会与村民之间的中介，其本身在乡村中具有良好的形象，对于民意的表达与政策的解读起着良好的沟通桥梁作用，更重要的是，它舒缓了干群关系的紧张，规避了那些因误解而导致的冲突。乡贤参与乡村治理显然有利于农民利益的合理表达，这对于建构乡村公民社会也有着极其重要的意义。在具体操作层面，我们应把乡贤组织作为新时代乡村治理的重要参与主体，同时在遵守国家相关法律、尊重乡村传统的前提下规范乡贤组织的人员组成，明确乡贤的标准及组织运作流程；村两委应充分认识到乡贤组织作为公民社会的一种意愿表达形式，其在参与乡村治理的地位与作用，更重要的是，乡村领导者要积极转变观念，在乡村公共事务的决策、制定、执行、评价与监督诸环节中应充分吸纳乡贤组织的意见，并逐步将乡贤组织参与商议村级事务的程序规范化、制度设计合理化。

（三）以传统文化为载体，促进乡村文明建设

改革开放四十多年以来，在计划经济向市场经济体制转型的过程中，乡村农民的思想不断受到市场化浪潮的冲击。乡村传统的务实、中庸之道在理性、利益为主导的现代市场经济体制中受到忽略，传统乡村社会的道德文化及其价值取向也受到削弱，乡村社会出现了诸多不可调和的矛盾，而这些矛盾往往不会因原有乡村传统权威的震慑而消散。这时，以原有乡村传统文化为载体，促进乡村文明建设显得极为重要。我们要坚持社会主义核心价值观，并在此过程中大量吸收传统的优秀文化资源，以促进文明乡风的培育。同时，在推动乡风文明建设的进程中，我们要重视乡贤作为乡村文化建设引领者的角色。因为乡贤大多生于斯长于斯，他们的一言一行对乡村农民都产生着直接影响，以乡贤为主体的乡贤文化能够陶冶农民、教化农民、感召农民、影响农民，甚至重塑农民；另外，我们要通过各种物质或精神的手段激励农民加强乡村文明建设，要本着公开、公正、公平原则，表彰乡村道德模范，这既能够促进文明

乡风建设，又能起到良好的道德示范作用。

二、以法治为基础，推动乡村治理程序正义的实现

（一）注重法治宣传培训，树立良好法治意识

受传统权威的影响，人们的意识形态更多地受权威的秩序规制，而现代的法治理念没有完全树立。现代法治的整体氛围不强，乡村治理的推动受“人治”的影响颇深，需要在法治的宣传培训中逐渐加以改变。在乡村治理的微观层面我们仍然可以看到，有些基层干部在面对复杂的乡村事务时习惯性地沿用过去的陈旧经验以期解决现在的新问题，说话做事有时出现“拍脑袋做决策、拍胸脯做保证、拍屁股走人”的状况，法治的思维与程序的正义没有深入人心，更没有深刻体现在乡村治理的具体运行环节。而作为乡村治理的多元主体之一，乡村农民由于自身素质的历史原因，其法治意识远远落后于新时代的发展，农民在生产生活中甚至缺乏法律观念，这非常不利于乡村治理程序正义的实现。基于此，我们要通过多种乡村农民喜闻乐见的形式进行教育、宣传、培训，以提升他们的法律意识，唤醒他们的法治观念，并培育他们运用法律手段维护自身权利的能力。在此过程中我们可以采取以下方式加强乡村法治建设。一是应大力推行法律下乡工程，充分吸收城市法治建设的成功经验，通过乡村普法讲师团以巡回说法、集中培训等方式对村两委成员进行培训，并力图让这种法律培训持续化、常态化，通过这些培训、宣传，让乡村法治工作者增强法律意识，不断地充实法律知识，以充分地应用到乡村法治实践中去。二是应加强公共文化服务与乡村法治建设的耦合。通过公开开展法律讲堂活动，以案例讲解的生动形式向乡村农民普及法律知识，让他们学有所得、学有所用。

（二）规范基层组织建设，促进乡村自治组织有效运行

随着中央层面对基层组织建设的重视，基层组织开始成为乡村治理研究者的关注点。在乡村自治实践中，我们发现由于现代文明没有完全在乡村辐射开来，乡村基层组织建设存在着不规范的问题，这又直接阻碍了乡村自治组

织的有效运行。这主要体现在乡村治理中有的村两委的权力运行不透明不规范，由于缺乏强势的第三部门监督，乡村农民在政策的议程设置上存在信息不对称的状况，农民的相关利益得不到有效保障，这就可能直接造成干群关系紧张。因此，对乡村法治化而言，要规范乡村基层组织的基本运行程序，通过制度化的方式公开基层自治组织的权力与职责以及乡村农民的权益与义务。通过进一步规范乡村公共权力的运行，逐步实现乡村公共治理由“人治”向“法治”的转变，这就有必要根据有关法律法规及政策，确定村级自治组织的职责与义务，通过多方参与，科学、合理编制村级组织权力清单及责任清单，这会在很大程度上提升乡村基层组织的运行效能，其合理用权的边界也受到清单明确约束与界定。同时，乡村基层组织要结合现代化的管理经验进行流程再造，通过明确各项事务的办理步骤，规范权力运行程序，以实现农民利益为行为导向，促进乡村自治组织的高效运作。另外，要加强乡村公共治理权力的监督，通过各种透明化、公开化的乡村权力运作方式促进乡村治理组织的有序运行。

（三）完善矛盾化解机制，建构乡村法律服务体系

乡村公共治理的一个重要事项就是要处理纠纷、化解矛盾、均衡利益，这是乡村基层组织维护社会公共秩序的重要体现。在乡村社会治理环境日益复杂的背景下，干群关系、信任问题、土地问题、拆迁问题等新情况、新问题层出不穷，信访数量前所未有地增多，各种利益交织引发的矛盾冲突不断增加，并集中体现在乡村公共治理环节。由于以往的信任基础被现代化的陌生人体系所打破，再加上乡村基层组织在处理这些纠纷时往往习惯于以“堵”为主，这不利于乡村和谐社会的构建。基于以上情况，我们要充分调动调解、司法、仲裁等法治资源以化解现有复杂的乡村矛盾。为此，我们要积极建设乡（镇）—村二级法律公共服务网络，一是在乡村基础组织层面上设立法律援助联络点，并依据乡村实际情况配备专业的法律顾问，为乡村农民提供专业的法律咨询；二是要加强乡村矛盾的预警机制，要做好和谐文化的宣传工作，并通过新时代科学网络信息技术，打造以法律咨询、人民调解、法律援助为一体的乡村法律服

务网络平台。

三、以自治为导向，有效推动乡村治理民主化进程

（一）明确乡村基层组织职责，优化乡村治理模式

乡村自治是社会民主化的重要体现。然而在我国乡村自治进程中，村党支部与村民委员会的职责没有得到充分明确，国家在顶层设计中更多的是宏观性的指导，而没有以具体法律条文予以明确规定，这种权力行使边界的模糊也可能造成村两委之间关系紧张。很显然，这样一种没有明确组织职责的治理模式往往不利于发挥党对村民委员会的领导作用，从另一层面上来看，村委会也会因此而导致其自治行为的低效甚至失效，可能会使乡村公共事务管理处于瘫痪的局面。新时代的乡村治理，需要充分保障村党支部的领导权威，要明确乡村治理的细分职能，并针对性地提出激励方案。

（二）培育乡村公民社会，完善乡村多元治理机制

多元治理或者多中心治理成为国家治理现代化的趋势。在现有乡村治理中，乡村基层组织自治尚缺乏广泛的群众参与，乡村农民在法定意义上虽拥有自治权却基于现实原因往往不能行使自己的权利，这使得其利益表达权不能有效实现，可以说，乡村公民社会的不够成熟导致了乡村群众组织的不够强大。因此我们应该积极培育乡村公民社会。一方面，让村民有自觉参政议政的意识，并且逐步提升其利益表达的能力；另一方面，要让乡贤文化成为乡村治理的重要助力，并通过制度设计让乡贤参与村务决策渠道多样化，同时要加强对乡贤的监督，确保乡贤能真正代表广大村民的切身利益。可以说，只有公民社会在乡村治理中形成了，乡贤文化在乡村盛行了，村民在乡村治理中发声了，乡村多元治理机制才能够有效地运转。

（三）消除信息不对称，建构乡村治理民主监督机制

在乡村治理中，乡村农民之所以在利益表达上不够通畅，很重要的原因是信息不对称。为此，我们应该建构乡村治理民主监督机制，尽可能地消除乡

镇政府与乡村农民之间的信息不对称。同时，民主监督是乡村自治的一种重要表现形式。它在乡村治理进程中的民主选举、民主决策和民主管理环节发挥着重要作用。因此，我们要加强乡村农民对村两委在公共事务运行方面的监督，这种监督既包括对乡村投入与支出的查阅，同时作为被监督方，村两委应该自觉对乡村公共事务重大投入与支出进行及时的公示。在具体运行层面，我们应该建构由乡村基层农民、党员、村干部、乡村精英分子等组成的多元监督机制，并将成功的经验制度化地应用在乡村治理环节，如阳光行政、政务公开、民主评议等监督制度都是实现程序正义的重要手段。

四、以生态治理为保障，促进美丽乡村建设的实现

随着社会的进步，我国进入了社会发展的转型期，新时代背景下的乡村治理也发生着深刻的变化。乡村治理在强调物质文明与精神文明的同时，开始强调生态文明建设。就生态文明的本质而言，生态问题究其根源还是经济发展的可持续性问题，这就需要我们合理、科学规划乡村经济发展方式，将生态文明更多地融入乡村治理环节。这一方面有利于提供更多的生态产品以满足农民日益增长的美好生活需求，另一方面也有利于建构资源友好型的乡村产业空间格局以及人与自然和谐发展的乡村生产、生活方式，是实现新时代生态文明建设的根本途径。

党的十九大报告凸显了生态治理的重要性，指出要“提供更多优质生态产品以满足人民日益增长的优美生态环境需要”。对于新时代下的社会主要矛盾而言，更主要的是人们对美好生活的追求与发展不平衡不充分的矛盾，而对于乡村治理而言，人民日益增长的美好生活需求既包括乡村农民对物质文化方面的需要，也包括对乡村蓝天、白云美好自然环境的向往。不平衡不充分的发展则说明了乡村经济发展方式和经济结构的不合理性。在国家顶层设计规划关于本世纪中叶的奋斗目标中，美丽的社会主义现代化强国意味着我国要拥有高质量的生态环境，为居民提供宜居的生活环境。这意味着新时代的生态文明建设是乡村治理的重要目标之一，这也是实现美丽乡村建设的重要途径。为了实

现这一目标，我们在乡村生产、生活中要注意可持续发展、节约优先、保护优先、自然恢复，建构科学、合理的生态格局、产业布局、生产生活方式，让人与自然和谐共处。由此可见，乡村生态治理的目标实现不仅是新时代社会主义乡村发展的时代要求，更是乡村经济内生发展的客观要求。

（一）促进乡村人与自然的和谐发展

工业、农业的发展带来了生产力的极大进步，农民生产生活水平得到极大改善。但与此同时，由于过去一段时间过度注重生产力的发展而忽略了生态环境的破坏，自然生态环境遭受工业、农业的肆意破坏，生态环境恶化所带来的各种危机迫在眉睫。因而，新时代的乡村治理需要注重人与自然的生态和谐。乡村在重视经济发展的同时，也不能忽略生态环境的治理。从表面上看，清新的空气、清洁的水源以及适宜的气候等自然馈赠，这一切看似与人类活动无关。但雾霾危机、水域污染等生态问题却时刻提醒着我们这些都与农民的生产生活息息相关。乡村农民的日常活动所排放的废物、废水、废气无时无刻不在影响着乡村生态环境。因此，在乡村生态治理中，我们要尽可能减少农业生产生活的负外部性，保障自然的自我净化能力不会因人类的干预而遭受破坏。新时代的农民不仅需要那些有机食品、绿色农产品、生态工业品等生态产品，更需要没有遭受污染与破坏的蓝天、白云，所以在整个生态环境治理的建构上我们希望能够做到“益山、益水、益人”。“投之以桃，报之以李”，我们在享受来自大自然的馈赠的同时，更要保护好大自然。

（二）遵循节约优先、保护优先、自然恢复的生态治理原则

节约优先、保护优先、自然恢复是乡村治理的主要原则。乡村的发展必须是可持续的、绿色的。以往的经验告诉我们，只有注重生态治理，树立科学发展观，才能保障经济社会的正常运转。就乡村治理的现实情境而言，以往的发展方式过于粗放，这也是基于当时的国情，农民过多地重视经济效益而忽略了生态效益。为此，我们要转变发展观念，奉行节约，注重生态保护，特别是要增加在生态治理上的经济投入与技术支持。加强乡村生产生活过程中所产生的

废气、废水、废物的排污处理，要让农民确切知道乡村治理的生态红线，要让自然恢复成为乡村生态治理的重要准则。

(三) 建构节约资源和保护环境的生态治理格局

生态治理不能一刀切，而要依据乡村特有的空间格局、产业结构进行针对性的规划与布局。由于我国乡村自然生态资源分配不均、不同乡镇间生态建设的差异等问题由来已久，为此我们要对乡村现有自然资源进行合理配置与科学管理，以实现资源配置的帕累托最优。在具体治理环节，我们要注意在农业生产中避免过度浪费资源、污染环境，并依据现有自然资源进行乡村产业结构的调整与生产方式的优化。诚然，乡村生产环节其实在很大程度上决定了乡村农民的消费模式和生活方式，因此，树立生态意识，建构节约资源和保护环境的生活方式同样也是在对乡村治理提出更高标准的生态要求。

乡村振兴需要加强乡村生态治理。将生态治理、美丽乡村、乡村振兴相融合，实质上是在新的时代背景下坚决贯彻党的十九大精神，坚持以人为本、和谐、可持续发展的理念，按照生态产业兴旺、生态宜居的要求建立健全乡村治理的各项机制，最大程度促进乡村农业、工业、服务业的融合发展与协同共进。实际上，乡村生态治理可以从两个层面着手。第一个层面是提升乡村产业生态化程度。乡村产业生态化是转变乡村经济发展模式、建构现代农业产业结构、实现乡土社会可持续发展的必然要求。乡村的产业生态化并不是将自然系统的循环过程直接移位到产业系统中，也不是只进行生态农业的建设，而是要求乡村的产业遵循生态系统的基本规律，加速生态农业与第二、第三产业的融合发展，实现小农户与现代产业发展衔接，形成产业系统的生态化。第二个层面是建设美丽生态宜居乡村。美丽乡村建设是乡村生态治理以人为本的重要体现。乡村生态治理的最终受益者是农民群众，或者说乡村生态治理关乎着乡村农民的根本利益所在，其政策出发点与利益落脚点都是乡村农民。从另一个角度来说，乡村生态治理与美丽乡村建设的诸多环节都离不开农民群众的监督与努力。当我们的乡村生态环境得到质的提升，乡村成为农民“宜居宜业”的所在地，乡村农民才不会“离土”，更不会“离家”，因为到那时农业已成为有奔头的产业，农民成为有吸引力的职业，而农村则成为安居乐业的美丽家园。

第三节　走向善治：新时代乡村治理的多维路径

乡村自治、法治、德治、生态治理在新时代背景下通过国家顶层设计与地方乡镇针对性的制度设计可以单独达致善治，但在实现的过程中可能会存在某种效率上的损耗，譬如，以自治路径达到的乡村善治，成本较低，稳定性较高；以法治路径达到的乡村善治可能成本比较高，但相对而言稳定性比较好；以德治路径达到的乡村善治可能成本比较低，但稳定性比较低；以生态治理路径达到的乡村善治可能成本比较高，但由于实现了人与自然的和谐发展，因而稳定性比较好，但灵活性较差。可见，单一路径达到的乡村善治要么成本偏高，要么稳定性难以接受，要么灵活性相对较差。因此，单一模式下的乡村善治往往不是新时代乡村治理的最优决策。我们需要乡村自治、法治、德治、生态治理的协同与耦合，或者说是需要用多维路径相组合的方式以实现乡村善治。具体而言，有如下四个方面的思考：

一、新时代背景下乡村治理的善治逻辑

（一）新时代乡村善治的基本要义

作为乡村治理的未来发展方向，善治是治理理论的进阶方向。换句话说，善治就是使公共利益最大化的社会管理过程，是治理方式的最优化实现，其本质特征是政府和乡村农民对乡村公共生活的多元合作管理，反映了乡村治理朝向公民社会发展的未来趋势，体现了公民与政府之间的良好互动关系。

习近平同志提出，走中国特色社会主义乡村振兴道路，必须创新乡村治理体系，走乡村善治之路。乡村治理是指包括政府和乡村社会以及其他组织和个人在内的多元主体，为了实现农村公共利益，对乡村进行有效组织、管理和

调控的动态过程①。乡村善治作为乡村治理的发展最终归宿，既可以在精神层面最大程度地号召广大乡村农民凝心聚力，又可以在乡村治理的实践层面维持乡村社会的和谐稳定。作为一种新型治理方式和治理理念，社会共治具有治理主体多元化、治理方式合作化、治理场域和目标公共化等显著特点②。新时代的乡村治理需要社会多层面的协同共治，这与传统秩序所强调的农村社会单一化、传统威权化治理格局是截然不同的，新时代的乡村善治既要承续好乡土社会教化秩序与优秀的中华民族传统礼俗，又要更加注重乡土社会多边治理主体互动合作，进而充分吸纳乡村公共组织与农民群众的积极参与，逐步增强乡村治理中的多元参与互动以及以此为基础的广泛的民主监督。实现乡村善治，必须依靠多元化主体，依托一套开放、复杂的共治系统，以对话、竞争、妥协、合作和集体行动为共治机制，最终形成利益一致的意志表达和共同行动③。对于中国特色的新时代乡村治理而言，乡村善治主要存在以下三个方面的特质：

（1）乡村社会治理重心下移。在中国的传统中，社会的发展着力点在城市，相较而言，国家资金投入、公共服务与基础设施配套也集中在城市，城乡在治理结构、资源分配、制度供给上存在着典型的二元结构。具体而言，城市是国家法理规定的、覆盖全面的、有公共财政保障的集中治理，而乡村则多是相对松散的、多元的、自主承担的社会治理。乡村善治则要求乡村的公共管理与基础配套服务能够满足日益增长的乡村社会需求。乡村善治最主要的是体现城乡基本公共服务的均等化，依靠资源下沉、服务延伸、保障下倾，促进乡村治理重心下移，激发乡村农民的参与热情，充分发挥基层农民的积极性、创造性与参与性。

---

①袁金辉．论简政放权背景下的乡村治理 [J]. 行政管理改革，2015（10）：69-73.

②曾哲，周泽中．多元主体联动合作的社会共治：以“枫桥经验”之基层治理实践为切入点 [J]. 求实，2018(5)：41-51.

③王名，蔡志鸿，王春婷．社会共治：多元主体共同治理的实践探索与制度创新 [J]. 中国行政管理，2014(12)：16-19.

（2）乡村民主管理能力提升。乡村民主管理是乡村自治的一种深刻体现，也是乡村善治的发展趋势，它涉及乡村民主选举是否有效、民主参与是否积极，民主决策是否多元、民主监督是否能够充分反映乡村农民的意见。乡村自治的程度代表着乡村社会发展的方向，同时也是中国特色社会主义民主政治制度的重要组成部分。在乡村自治环节，我们要坚持放权于民、还政于民，强化乡村群众性自治组织的建设，丰富乡村民主参与渠道，促进乡村民主协商的实现，从而提升乡村民主管理层次和质量。实质上，乡村民主管理更多地体现为乡村主人翁精神在社会治理中的落实，使得乡村农民由被动管理者转变为主动管理者。可以说，乡村善治应该更多层面体现乡村农民作为治理主体的能动性。

（3）乡村产权与治权统一。乡村产权与治权的清晰界定涉及乡村农民农业生产的积极性与创造性，在乡村治理中是程序正义的实践体现。产权和治权是乡村治理的两大核心要素，产权奠定治理基础，治权规定治理结构，二者的互动关系形塑农村政治形态①。我国《宪法》规定，农村和城市郊区的土地，除由法律规定属于国家所有的以外，属于集体所有；宅基地和自留地、自留山，也属于集体所有。在我国以往的乡村治理格局中基本遵循“三级所有、队为基础”的农村集体所有制。这种产权治理结构不仅在经济层面影响着乡村公共资源的分配与供给，还在政治层面深刻影响着乡村公权力的运行。改革开放四十多年以来的产权经验告诉我们，产权与治权要统一起来，才会给乡村农业生产的效率与经营带来极其有利的作用。我们所广泛探讨的乡村善治需要在集体所有权边界范围内，充分尊重乡村民主管理的权益，实现乡村产权与治权统一。

同时，乡村善治的时代内涵意蕴丰富，按照其内容划分，俞可平将善治的基本要素概括为以下七个方面。

（1）合法性。它指的是社会秩序和社会权威被自觉认可和服从的性质和状态。它与法律规范没有直接的关系，从法律的角度看是合法的东西，并不必然

① 王慧斌，董江爱．产权与治权关系视角的村民自治演变逻辑：一个资源型村庄的典型案例分析 [J]. 中国行政管理，2018(2)：40-45.

具有合法性，因为任何体现公共权力占有者即权力主体利益和意愿的法律规范都不会否认权力占有者占有权力的合法性。只有那些被一定范围的人们即权力客体内心所体认的权威和秩序，才具有政治学中所说的合法性。合法性越高，善治的程度越高。合法性的基础是效能和民主，效能意味着公共权力在为社会成员提供公共服务时必须符合最少投入最大产出的理性计算原则；民主意味着公共权力的存在与运行必须尽可能地体现或有助于实现民众自我管理的理想。取得和增大合法性的主要途径是尽可能以最低成本满足公共权力体系对于公众物质性功能需求，捍卫公民的自主权、平等权不受侵犯，最终增加公民的共识和政治认同感。

（2）透明性。它指的是政治信息的公开性。每个公民都有权获得与自己利益相关的政府政策的信息，包括立法活动、政策制定、法律条款、政策实施、行政预算、公共开支以及其他有关的政治信息。透明性要求上述这些政治信息能够及时通过各种传媒为公民所知，以便公民能够有效地参与公共决策过程，并且对公共管理过程实施有效的监督。透明度越高，善治的程度也就越高。

（3）责任性。它指的是人们应当对自己的行为负责。在公共管理中，它特指与某特定职位和机构相连的职责及相应的义务，责任性意味着管理人员和管理机构由于其承担的职务而必须履行一定的职能和义务。没有履行或不适当地履行职能和义务，就是失职，或者说缺乏责任性。公职人员和管理机构的责任性越大，表明善治的程度越高。在这方面，善治要求运用法律和道义的双重手段，增大个人及机构的责任性。

（4）法治。法治的基本含义是，法律是公共事务管理的最高准则，任何政府官员和公民都必须依法行事，法律面前，人人平等。法治的基本目标是规范公民的行为，管理社会事务，维持正常的社会生活秩序，但其最终目标在于保护公民的自由、平等及其他基本政治权利。从这个意义上说，法治与人治相对立，它既规范公民的行为，但更制约政府的行为。法治是善治的基本要求，没有健全的法律制度，没有对法律的充分尊重，没有建立在法律之上的社会秩序，就没有善治。

（5）回应。这一点与上述的责任性密切相关，从某种意义上是责任性的延伸。它的基本含义是，公共管理人员和公共管理机构必须对公民的要求做出及时和负责的反应，不得无故拖延和没有下文，在必要时还应当定期地、主动地向公民征询意见、解释政策和回答问题。回应性越强，善治的程度越高。

（6）有效性。这主要指管理的效率。它有两个方面的基本意义：一是议事管理机构设置合理，管理程序科学，管理活动灵活；二是最大限度地降低管理成本。善治概念与无效的或低效的管理活动格格不入。管理的有效性越高，善治的程度越高。

（7）稳定。稳定意味着国内的和平、生活的有序、居民的安居乐业、全民的团结、公共政策的连贯等。社会的稳定对于公民基本人权的保障、民主政治的落实和经济的稳定发展都具有至关重要的意义。没有一个稳定的社会政治环境，很难有经济的高速发展和民主的有效推进。这对发展中国家更为重要。①

（二）乡村善治的治理逻辑

乡村振兴与美丽乡村建设为新时代乡村善治实现提供了时代契机，乡村善治的治理逻辑蕴含着传统乡土文化的再造、多元主体共同参与的善治格局的形成以及善治精英人才吸纳机制的建构。

1. 再造乡村善治价值的公共性

对于善治的追求离不开对公共性的价值探讨。可以这样认为，乡村公共性是乡村农民公共生活的特有属性，并标识为乡村独有的乡土特色。乡村善治的实现实际上是一种公共性的利益追寻与公共精神得以重塑的过程。而新时代的乡村治理意味着传统文化向现代文明的过渡，这使得乡村社会赖以依存的以传统道德文化为基础的“公共性”开始消解以及传统文化自身的合法性得到认同。“公共性的洪流大有变得势不可挡之势……这股洪流不加阻挡地滚滚向

① 俞可平．治理与善治 [M]. 北京：社会科学文献出版社，2000：32.

前……它们虽然被余烬覆盖着，但没有谁认真地看待余烬。”[①] 由此可知，不论是在城市还是在乡村，不论是发达城区还是偏远山区，人们都存在着对公共性的天然诉求，并以公共利益的形式体现在现实的公共生活之中。对于乡村善治而言，“离土”与“离乡”成为乡村社会转型的真实写照，“村落的终结”预示着传统乡村天然共同体的日趋瓦解，过去“生于斯长于斯死于斯”的封闭世界一去不复返，乡村善治需要从公共性的视野再造乡村善治的价值。

乡土文化是在差序格局下建构而成的，其中内蕴着优秀的中华民族传统文化基因。乡土文化在乡村具有普适性的群众基础，在乡村善治中容易被乡村农民所认同、动员与运用，是人们长期以来乡土生活所沉淀出来的价值理念，其特有的乡土生产、生活方式是被广大农民群众所经历、验证过的，并依此形成一种稳定的道德文化秩序。它是以往封闭乡土世界中农耕时代下的特定产物，其对人伦秩序的规定与人际交往的设定决定了乡村人际行为的价值目标与行为取向。我们再造乡土善治价值的公共性意味着要树立新时代下乡村善治共同体的文化自信，建构乡村善治、乡村振兴与美丽乡村建设协同共进的协调机制。就乡村善治实际而言，我们要深入理解并传承传统乡土文化的优秀因子，理顺乡村善治价值中公共性与传统文化间的逻辑与关联。通过对传统乡土文化的解构与建构，关注乡村农民的主观精神世界，找到乡村善治发展的内在动力来源。我们在追寻乡村善治公共性时要注意以下四个层面：一是乡土生态环境与公共性的关联；二是乡土文化所内蕴的各要素间的关联；三是乡土文化的传承性与现代性的关联；四是乡土文化的应用与善治实现的关联。当然，对乡村文化的治理要有效避免“只缘身在此山中”和“盲人摸象”的认识偏差和判断失误[②]。乡土文化是乡村善治的重要文化资源，我们在乡村治理中要理性与恰当地处理好乡土文化与现代法治的关系，要使得两者协调发展，相得益彰。

---

① 吴理财，刘磊．改革开放以来乡村社会公共性的流变与建构 [J]. 甘肃社会科学，2018(2)：11-18.

② 索晓霞．乡村振兴战略下的乡土文化价值再认识 [J]. 贵州社会科学，2018(1)：4-10.

2. 建构多元主体共同参与的善治格局

善治意味着多元治理格局的形成。善治的本质特征就在于它是政府与公民对公共生活的合作管理，是政治国家与公民社会的一种新颖关系，是两者的最佳状态[①]。改革开放四十多年以来，我国乡村治理结构由封闭式向开放式转型，经历了由单一管理型治理到多元公共治理的转型，这实质上是国家将乡村治理权力下放并回归于农民的治理变革进程。乡村善治强调的是乡村镇政府与乡土公民社会的合作，是政府与非政府的联合，是公共组织与非政府组织的协同。传统的乡村治理强调的是“善政”，而新时代的乡村治理强调的是“善治”，可以说善治更多是从乡村农民的民主权益方面去思考乡村治理工作，这也是现代乡村治理的最终诉求。由是观之，乡村善治的未来进程应该着眼于乡村农民民主治理的实现，要改变以往以单一乡村镇政府为中心的单一权威中心治理格局，形成乡村农民有效参与的多元主体共同善治格局，要充分发挥善治的多边协调作用，丰富农民参政议政的形式，延伸乡村镇政府与农民之间的互动边界。

乡村善治的治理格局实质上是“乡村镇政府主导、农民主体、市场运作、乡村社会组织多元参与”的中心治理图景。乡村善治意味着要改变以往乡土社会单一的垂直管理体系，乡村农民只是简单的政策输入端，甚少有利益表达的机会与渠道，乡村善治预示着要实现乡村社会公共组织的公共服务供给、社会秩序维护、多边利益协调等方面的重要作用，通过多元参与协同处理好新时代背景下乡村社会转型所带来的一系列问题。同时，乡村善治与乡村振兴、美丽乡村建设的目标是一致的、殊途同归的，乡村善治理念下的多元治理不仅减少了治理成本，协调了多元利益关系，最大程度规避了政府行政失范，也有效地激发了乡村内生活力，重新界定了政府与社会的边界与关系。具体到乡村振兴的治理结构设计，就需要政府发挥主导作用管理和组织乡村社会公共事务，这

① 俞可平．走向善治 [M]. 北京：中国文史出版社，2016：26.

是新型乡村治理模式的前提[①]。应该注意的是，乡村善治需要将乡村广大农民群众的力量真正镶嵌在乡村公共事务之中，同时还要借助市场经济体制的优势，最大限度地发挥体制、机制的治理效率。

3. 建构善治精英人才的吸纳机制

乡村善治不仅需要乡村体制机制的不断完善，还要充分发挥善治精英的领导才能。可以说，乡村精英发展在乡村发展进程中一直是不可或缺的力量，作为乡村能力，善治精英成为现代乡村治理的突破口与关键点。诚然，乡村善治精英是一个组织严密、目标导向、善于沟通的群体，其中，不同的利用、不同的阶层、不同的道德素养也成为建构这一群体的多元因素。多样化的乡村治理主体在善治格局中发挥着其各自的作用，他们或是政策的参与者，或是政策的宣讲者，或是政策的执行者，或是政策的协调者，这些不同的角色身份都在不同程度上建构着乡村振兴与美丽乡村建设的着力点。同时，乡村善治精英的类型多样，我们可以把乡村精英划分为体制内精英和体制外精英、内生型精英和回流型精英、政治精英、经济精英、社会精英和文化精英等。可见，乡村善治精英的类型存在多元性，他们在乡村振兴与美丽乡村建设中的作用都是同等重要的。在具体的乡村善治进程中，我们要积极发挥善治精英人才在持续促进乡村经济发展、维护乡村社会秩序、培育乡村社会资本、传承乡村传统文化等方面的积极影响。

正是基于乡村精英的重要性，我们要重视乡村善治精英的吸纳机制建构。乡村社会的转型使得开放、流动成为乡土社会发展的新常态。我们要通过科学、合理的善治精英人才的招聘、评估、吸纳将善治精英人才队伍稳定化。通过不断地吸纳新的精英人才，实现新老精英的合理更替，保持善治精英队伍的活力和效用，取得乡村治理效果的最大化。乡村精英的培育方法必须坚持利益

① 吴家庆，苏海新. 论我国乡村治理结构的现代化 [J]. 湘潭大学学报（哲学社会科学版），2015(3)：25-31.

诱导和结果导向的原则[①]。第一，我们要为乡村精英提供能够发挥其特有能力的善治平台，要创造良好的善治精英发展环境，使得他们不仅仅是因为热爱家乡而留存于此，而更多地实现巴纳德所强调的组织生态平衡，要使精英的贡献与乡村提供他们的诱因间达成相对平衡。第二，我们需要从善治层面提供更为完善的乡村公共服务。改革开放以来，随着国家顶层设计对于惠农、富农、强农的高度重视，美丽乡村建设的深入推进，乡村振兴不仅仅是一种呼吁而是一种乡村的显现趋势，这表现在乡村精英开始逐渐回流，人们从城市回到乡村；乡贤文化得到弘扬，乡村的优秀文化因子得到政府主体的认可。第三，乡村公民社会的兴起，公民社会是乡村善治的标识之一，通过强化公民社会的作用，发展乡村社会公共组织，整合乡村社会资源，优化乡村多元共治的治理结构，以提升乡村善治绩效。

二、新时代善治的实现应不囿于一种模式

善治是乡村治理的至上追求，在这一进程中需要强调公共治理的秩序性、多元主体的参与性、乡村治理的低成本性与治理效果的高度稳定性。善治体现了公共治理的极好状况，意味着公共利益的最大化实现。在以往的管理经验中，乡村管理者尝试了各种治理模式，以期实现社会治理的效益最大化，但是由于每种治理模式都难以达到乡村经济社会发展的良好状况，它们或者缺乏稳定性，或者成本太高，或者设计不太灵活，因此，对于善治的实现，我们不应该囿于一种单一模式。由此可见，善治是一种至上追求，它不是一种模式的唯一框定，而是不同治理模式的多维度协同与融合。善治是一种可持续且不断改进的过程，而这一过程同时也是寻求帕累托最优状态的进程。

（一）以德治为引领的善治

德治是以人性本善为人性假设的一种理想的治理诉求。它一方面要求治理者用高度的自觉要求自己以成为被治理者所争相效仿的道德榜样；另一方面

① 沈费伟，刘祖云．精英培育、秩序重构与乡村复兴 [J]. 文史杂志，2017(3)：120-128.

要求被治理者拥有一定的道德素养与道德底线，能够在治理者发起道德共识的同时，认同并遵守社会道德规约。由于道德的软约束性，倘若德治作为一种单一的制度设计，而离开其他的组织支持，道德可能更多是一种精神抚慰与价值向导，而不能称其为一种有效的治理方式。道德如果要真正有效地发挥其治理功能，必须与公共组织相结合，即必须在一定的组织载体上才能够发挥其道德影响力与道德规制力。在乡村治理中，德治的组织载体通常以家庭、宗族等血缘组织，乡村会、社、庙等社会组织，村庄、村寨等乡村自治组织形式出现。而其中的每一种组织都内蕴着达成共识的道德规范，人们在道德行为中按照约定的程序和道德规则处理乡村生产、生活的人与事，这就是德治在乡村治理环节的体现。由此可见，德治依赖于乡村治理环节的各类社会组织。而乡村组织通过道德规范与共识性约束，以此达到良好乡村秩序的形成。同时，由于德治的软制度性，因此乡村农民在德治中的参与相对容易达成，在乡村治理中则倾向于形成一种以道德为基础的“参与型善治”，这种善治类型蕴含两种特点：一是治理成本相对比较低；二是由于没有强有力的手段进行“硬约束”，德治在执行过程中容易被那些缺乏道德或不够道德的极端行为所中断，所以非稳定性也是其特点之一。

（二）以法治为基础的善治

法治是以人性本恶为人性假设的现实治理诉求。乡村法治实质上是依法治国在乡村治理层面的微观体现。按照治理的流程，乡村法治更多是一种事后处置的方式。在乡村生产、生活中，一旦出现了违规甚至违法的情况，基于法治视野的乡村治理会更多地用事后干预的方式进行处置。即会有专门的法律机构进行司法判决和调整。所以，相对而言，在事前干预中德治具有先天优势，而法治却不会自动起作用，因而在治理的事前环节，乡村法治需要社会公共服务组织、乡村自治组织等担负协调、规劝、调解的职能。倘若一旦触发了法治机制，则会引起其强有力的规制。事后法治可以单独进行，不依赖于其他组织，但是事前、事中的法治，则需要借助其他社会组织配合方可实施。乡村法治通过多方协力可以实现乡村善治，但在具体实施细节要有分门别类的详细法律规则约束，同时还需要强调乡村法治的执行。这一方面是对程序正义在乡村治理环节的集中体现；另一方面从客观上提出了对乡村法治专门人才的要求。这也间接加重了乡村治理环节的经济成本，因此以法治为基础的善治存在高成本、高度稳定性的特点取向。

（三）以自治为导向的善治

自治是以乡村农民政治素养达到一定程度为基本前提，是乡村社会发展的趋势。倘若没有内在的道德约束、没有外在的法律基础，乡村农民在治理博弈中需要多元参与、协商制定乡村治理的规则与制度流程，乡村自治意味着要按照乡村法定的程序、规则进行相应的治理。与德治、法治相比，乡村自治的历史经验虽不够多，但乡村自治本身具备广大的群众基础，乡村农民在日常行动中理想诉求一种不依赖于道德和法律的单独治理方式。由此可知，乡村自治具有较强的独立性，也具有灵活性，在具体乡村治理细节中能够根据农民利益需求协商、博弈，并建立相应的规则和程序。

（四）以生态治理为保障的善治

生态治理是新时代背景下乡村发展到一定程度的必然诉求。生态文明是继物质文明、精神文明之后日益被政府管理者所重视的一种文明样态。它更多地强调人与自然之间的和谐关系，需要应用高科技的生态治理手段，不断强化乡村治理者与被治理者的生态意识，一方面，在国家顶层设计层面上要加紧完善国家相关的环境保护立法、执法；另一方面，乡村农民作为被治理者要有自觉意识与自主意识，能够自觉遵守相关生态保护规范，能够自主学习相关生态保护环境的知识。从整体而言，生态治理可能需要更多的成本。

三、走向善治：多维治理模式的协同共进

（一）提升自治、法治、德治、生态治理的协同

乡村自治、法治、德治、生态治理的功能各有侧重，其治理优劣也各有不同，四者之间两两组合或者三者组合可以提高善治的水平和质量。从治理的形态来看，我们发现单一治理模式达到善治的难度要远远高于两两协同的治理组合。

基于此，我们要注重国家、社会、个人的联动机制，乡村治理模式的更新以及“四治合一”的治理体系，要在新的时代背景下与时俱进，不断丰富乡村治理模式。第一，在四种治理模式的协同过程中以合作治理的方式强调“平等、多元、合作与服务”，这实际上对于当下四种治理机制的协同提出了新的时代内涵与要求。“平等”本身意蕴着对农民的赋权，他们需要不断地提升自己的素质以满足自治的要求，能够以独立治理主体的身份参与乡村治理，并在乡村法治的范式中依靠制度规约进行利益表达与政策参与。“多元”则意味着政府、第三部门和农民在乡村治理中要各司其职，尤其是在生态治理环节，农民作为治理的多元主体，既是政策结果的输出端，又是政策意见的输入端。一方面，他们要在生态政策的制定过程中发出自己的“声音”；另一方面，在生态政策的执行中，他们又要严格按照政策的标准进行相关的生态农业生产、生活。“合作与服务”则表明多元主体应该是以一定的信任为基础进行的一种有机的联系。从德治的视角而言，乡村合作主体本身内蕴着道德的理性因子，在乡村农业生产、生活中，大家因为沿袭一样的道德标准与价值体系而得以相互信任，这一方面减少了交易成本，另一方面他们在合理分工的基础上，实现其功能上的互补，从而形成一种联动机制，这在很大程度上提升了治理的效能。在乡村治理理想状态下，有了稳定的联动机制，可逐渐使得乡村治理模式接近于一个自适应系统，即在风险社会或陌生人社会的到来使得环境不确定时，乡村治理机制能基于弹性化原则与改变航道原则，权变地调整原有策略，并突破原有路径依赖，实现乡村治理机制的协同与联动。这显然是实现乡村善治的必

然要求与逻辑路径。

（二）因地因时制宜选择善治的组合方式

当前乡村社会正处于传统与现代交叠的进程中，传统权威与现代文明都在影响着乡村治理的模式建构，而乡村社会所特有的乡土性在现有乡村治理体系中得以延续，同时现代性的城市文明也在侵入农民的思想观念。基于乡村治理的复杂性，我们在建构新时代乡村治理体系时不必局限于某一种治理模式、拘泥于某一类善治类型，而应在实际治理中，针对本地自治基础、德治条件、法治保障、生态情况等，因地制宜地采取不同的治理模式，形成最符合本地乡村治理的适宜的善治策略。